シリーズ
ニッポン再発見
13

日本の流行歌

栄枯盛衰の100年、そしてこれから

生明 俊雄［著］

Series
NIPPON Re-discovery
Japanese Popular Songs

ミネルヴァ書房

はじめに

初めて日本にきた外国の人から、「日本を代表する音楽は何ですか？」と問われたら、どのように答えたらよいだろうか？

日本には琴や三味線、尺八などの和楽器を使う、伝統的な音楽がある。日本各地で発祥した民謡もある。さらには明治・大正の時代から作られるようになった学校唱歌や童謡もある。

しかし大正時代以降つい最近に至るまで、日本人がもっとも親しんできたのは、流行歌といわれる音楽ではないだろうか。それはレコード店（ＣＤの時代になってからはＣＤショップと呼ばれるようになった）に行って、店頭に置かれている流行歌のＣＤの種類や数の多さを見れば、納得がいくだろう。またラジオやテレビの音楽番組のなかから聴こえてくる音楽も、流行歌が圧倒的に多いといえる。カラオケ店に行ってみんなが歌うのも、ほとんどが流行歌だ。

ひとくちに流行歌といってもいろいろな種類がある。中高年の人が好む演歌、幅広い層の人々が聴いたり歌ったりする歌謡曲、そして若者が好む海外の音楽の影響が強いポップスなど。それぞれをさらに分類することもできる。

このような日本製の音楽である流行歌と、海外から入ってきたフォークやロックなど洋楽の音楽が、20世紀の日本では多くの音楽ファンに聴かれてきた。時期によって多少の変動はあるが、その比率は日本製の流行歌が7割、海外からのポップスが3割くらいではないかとみられる。太平洋戦争が終わって欧米の音楽がドッと日本に流れ込んできた時期には、海外のポップスが5割近くまで増えたこともあったが、日本の流行歌がそれら海外のポップスを取り込んで発展した20世紀終盤には、逆に日本の流行歌が8割近くを占めるようにもなった。

このように考えると、日本の音楽は、明治維新以降に海外の音楽の影響を受けながらも、日本で作られた流行歌が中心となって、発展してきたといえる。このため日本の音楽、あるいは音楽文化を語るうえでは、流行歌のあり方をみることが重要となる。確かに冒頭に例をあげたような、伝統音楽も忘れてはいけないが、音楽の流れのなかでは伝統音楽は徐々にその存在が小さくなり、国家や愛好団体の保護を受けながらやっと存続しているという感がある。

それに対して流行歌はこの100年のあいだに、着実に発展を続けてきた。太平洋戦争という不幸な戦争の時期には一時的に後退を強いられることもあったが、戦争の終了後は、日本の経済・社会の立ち直りに歩調を合わせ、流行歌は目を見張るほどの発展を遂げた。ヒット曲が続出し、スター歌手も次々に生まれるようになった。

1960年代から70年代にかけての日本の経済の高度成長期には、レコード市場も毎年右肩上がりの成長を続けたが、それを牽引したのも流行歌だった。80年代から90年代にかけては、ニュー・ミュージックやJ-POPと呼ばれる音楽も生まれ、さらに流行歌は充実した。

しかし21世紀に入ると急に状況が変わった。気がついてみるとラジオやテレビから、流行歌が流れることが急に減った。テレビ放送で各局が競って流していた〝今週のヒット曲速報〟というような音楽番組も姿を消してしまった。街なかのＣＤ店も店じまいするところが多くなった。カラオケ店へ出かけていく人々の数も減少している。

このような状況のなかで、今どのような歌が流行しているのか、誰も知らない状況になってしまった。それは当たり前のことかもしれない。なぜなら流行する歌がほとんどなくなってしまったからだ。

もちろんみんなが音楽を聴かなくなってしまったわけではない。好む曲が人によって違うようになってしまったのだ。それは流行する歌が生まれなくなってしまったことを意味する。

こうなると〝流行歌〟という名称も、存在感が薄くなってしまう。少し前の時代によく使われた、〝J-POP〟とか〝昭和歌謡〟という〝流行歌〟の別名のような呼び方も、ほとんど消えかかっている。

なぜこのようなことになってしまったのか。本書では、流行歌のこれまでの歩みを振り返り、現状をみながら考えたい。また、流行歌文化を通じて、日本人が時代じだいの社会を背景に、いかに音楽を楽しんできたか。そういったことにも足を踏み入れていこうと思っている。

目次

序　流行歌はどのように生まれ、どのように発展し、どのように消えようとしているのか

＊流行歌が生まれる

カチューシャかわいや
わかれのつらさ
せめて淡雪　とけぬ間と
神に願いを（ララ）かけましょうか～

日本で最古のレコード会社、日本コロムビアが２０１０（平成22）年に創立１００年を迎え、それを記念して発売した『決定盤日本　流行歌・大傑作選』（ＣＤ２枚組アルバム）は、このような歌詞で始まる「カチューシャの唄」（歌・松井須磨子）が、１曲目に収録されていた。

１９１４（大正３）年３月、新劇の新興劇団「芸術座」が東京の帝国劇場で、ロシアの文豪トルストイの「復活」を上演した。「カチューシャの唄」は挿入歌として作られ、主演の松井須磨子に

よって歌われた。日本で最初に作られた流行歌であり、松井須磨子は流行歌手の第1号といわれる。なぜそういわれるのか。

それ以前の明治時代からも、浪曲、民謡、それに書生節《しょせいぶし》や俗謡などのなかに、大衆にもてはやされた楽曲は少なくなかった。そのなかには、産声をあげたばかりのレコード会社によってレコード化されたものもあった。しかしそれらは日本音階によって作られ、従来の日本の伝統音楽の範疇をこえるものではなかった。

それに対して「カチューシャの唄」は、明治中期以来、日本に徐々に入りつつあった西洋音階の曲で、人々はメロディにも歌詞にも西洋の匂いを感じた。折しも西洋音階は学校唱歌や軍歌のなかに取り入れられ、国民のあいだに少しずつ浸透しはじめていた。

このため「カチューシャの唄」は、〝流行歌〟と呼ばれるようになり、日本の近代大衆歌謡の最初のものとなった。

＊流行歌とは何か

「カチューシャの唄」も当初から流行歌と呼ばれていたわけではない。当時のレコードのレーベルの表示や新聞広告を見ると、歌のタイトルも「カチューシャの唄」ではなく「復活唱歌」となっており、曲種（ジャンル）は流行歌ではなく〝小唄〟に分類されていた。小唄とは、当時歌われていた書生節とか俗謡など短くて気軽に歌える曲を総称するものだった。「カチューシャの唄」が大きくヒットした直後に、２匹目のドジョウを狙って、演劇挿入歌の「ゴンドラの唄」や「さすらひの唄」が作られたあたりから、これら西洋の匂いのある新しい歌を、流行歌と呼ぶようになった。日本では明治時代から、大衆の多くに聴かれたり歌われたりする歌のことを、「はやりうた」と呼んでいたが、「流行歌」は「はやりうた」を漢字で表記して、読み方を変えることで生まれた呼称ではないかと思われる。

それでは「流行歌」とはどういう歌だろうか。いくつかの文献に記載されている説明を読んでみると、共通するのは、「ある時期に比較的短期間、比較的多くの人々に聴かれ、歌われる歌」ということだ。「カチューシャの唄」は確かにこの定義に当てはまる。そしてこの範疇に入る歌は、その後続々と誕生し、つい最近まで我々の生活を潤《うるお》してきたといえる。「街に歌が流れている」という表現がある。それは人々が口ずさんだり、楽器で演奏したりする曲が、街のアーケードや家のなかなど、我々が生活するいろいろな場所で聴こえる状況をいったもので、そこで流れてくるのが「流行歌」である。そういう状況のなかで流行歌が広まっていったともいえる。ラジオやテレビの時代になると、街に歌が流れることはさらに多くなっていった。

やがて「流行歌」は「歌謡曲」と呼ばれるようにもなった。そのきっかけは、「流行歌」は下品で俗っぽく、失恋や悲恋を歌った暗い内容のものが多いとされ、マスコミなどを通して社会的に批判されたことに始まる。流行歌に代わる、国民が広く歌える健全な歌を作ろうという動きが、放送局などを中心に起こり、そこで生まれた曲を「歌謡曲」と呼ぶようになった。このようないきさつがあって、「歌謡曲」は〝明るくて楽しくて健全な歌〟であり、「流行歌」は〝暗くて悲しくて下品な庶民の歌〟という区分も生まれたが、時代の経過とともに両者の区分は曖昧になっていった。

＊流行歌とレコードの深い関係

「流行歌」の誕生や発展をみていくに当たっては、「流行歌」と「レコード」、あるいは「レコード会社」との関係に注目していくことも重要である。

初めての流行歌「カチューシャの唄」もレコード化された。それは「復活」の演劇が始まって数か月後の1914（大正3）年5月上旬のことで、松井須磨子がステージで歌い続けたこの歌が人々に広く歌われるようになったことで、〝この歌はレコードにしても売れる〟という判断がされて、生まれたばかりのレコード会社、京都の東洋蓄音器（後に日本蓄音器商会に吸収される）が発売した。そしてこのレコードは発売されてからの短い期間に、2万枚以上の売上を記録したという。それは当時のレコードの売上規模を大きく上回る、驚くべき数字であった。東洋蓄音器は大きな利益をあげた。

そして「カチューシャの唄」のレコードを扱ったことによって、東洋蓄音器は売上と利益を得ることよりもさらに大きな価値のあるものを得た。

それは新しい曲を作って売り出すことが、レコード会社にとって非常に有益な仕事であるということを知ったことである。なぜならそれまでレコード会社は、民謡や浪曲など日本の伝統音楽・伝統芸能のなかから人気がある曲目を選んで、レコード化することで満足してきた。しかし「カチューシャの唄」を契機に、レコード会社は、曲を作りそれをレコード化して売ることのほうがはるかに有効で利益を生む仕事であることを学んだ。それは東洋蓄音器だけのことではなく、「カチューシャの唄」の成功を横目で睨んでいたライバルのレコード会社たちも同様であった。

これを契機にレコード会社は流行歌を作って売ることを本業とするようになった。ここに流行歌とレコードの長くて親密な関係が始まり、それは20世紀を通じて続くことになった。レコード会社には才能ある作詞家、作曲家、歌手、楽器演奏家などのアーティストたちが集まるようになった。そこではレコード・ディレクターが中心となって、流行歌を作る作業が始まった。流行歌の市場が膨らむにつれて、レコード会社の数も、かかわる人々の数も増えていった。

＊なぜ流行歌は１００年間も発展し続けたのか

大正時代に産声をあげた流行歌は、昭和時代になると急速にその発展のスピードを増し、社会に受け入れられていき、人々の生活にとってますます身近なものになっていった。まさに「歌は世につれ、世は歌につれ」という状況が生まれたのである。

昭和初期に流行歌の本格的な成長が始まったといえる。作家では中山晋平《しんぺい》、古賀政男《こがまさお》、西條八十《やそ》などの天才が後世に残る名曲を作り、歌手では藤山一郎、佐藤千夜子、東海林《しょうじ》太郎などのスターが続々と生まれた。ビクター、コロムビア、ポリドールなどのレコード会社もあいついで誕生した。

20世紀の折り返し点であった１９４０年代前半には、太平洋戦争という不幸な出来事もあったが、そのような不幸な時期にも、レコード会社には人々を音楽で勇気づけたり、心を癒したりする役割が課せられ、種々の制約を受けながらも、軍歌や戦争歌謡など戦争中の流行歌を作り続け、活動を停止することはなかった。

その敗戦の痛手から人々を立ち上がらせたのも音楽だった。特にポピュラー音楽は、戦争が終わると同時に、欧米からの音楽の流入と、それに刺激を受けた日本独自の音楽が作られるようになって、人々の生活になくてはならないものになっていった。

戦後海外から入ってきたのは欧米とラテン諸国の音楽だった。アメリカからは、エルヴィス・プレスリーに代表されるロックやポップス、イギリスからはザ・ビートルズなどのロックバンドの演奏する音楽、中南米からは強いリズムを持ったラテン各国の音楽など、多岐にわたる音楽が到来した。

それらの影響を受けて日本の流行歌は充実し、多様化していった。人々はそのなかから自分の好む音楽をみつけて、自由に楽しむようになった。

70年代には和製ポップスという和洋折衷の流行歌が生まれ、80年代になるとその流れがさらに大きくなって、ニューミュージックやJ《ジェイ》-POP《ポップ》という日本独自のポピュラー音楽が誕生し、日本の流行歌はさらに発展することになった。

いっぽうでは音楽を記録・再生する種々のメディアの著しい進歩も、流行歌の促進要因として作用した。レコードそのものも20世紀半ばまでに、ＳＰ《エスピー》盤からＬＰ《エルピー》盤・ＥＰ《イーピー》盤へと進化したが、80年代にはデジタルのＣＤが誕生した。１９９８（平成10）年にはＣＤを中心とする音楽ソフトの生産が６０９７億円を記録し、日本のレコード市場が、初めて６０００億円を突破した。宇多田《うただ》ヒカルのデビューシングル「Automatic《オートマティック》」を収録したアルバムが前人未到の８００万枚の売上を記録したのもこの時期である。この時期は20世紀を通して発展を続けてきた流行歌が、まさにピークを迎えた時期だった。

＊20世紀末に起こった急激な異変 〜流行歌は消えてしまうのか

しかし世紀が変わり、21世紀に入った途端に状況は一変する。市場が6000億円の大台をこえたと喜んだばかりのレコード業界に起こったことは、市場の急激な縮小であった。5年間で3000億円台へと急降下した状況のなかで起こっていたことは、これまで日本の市場を支えてきたCD売上の急激な減少である。

なぜこのようなことが起こったのか。それはインターネットや携帯電話などのデジタル・メディアを使う音楽配信の登場がきっかけだった。この時期になってレコード会社はCDで市場に売り出していた音楽を、次世代メディアの本命といわれた音楽配信によってユーザーに売ることへの切り替えを敢行した。しかしそこに思わぬ事態が生じた。インターネットやモバイル機器では、音楽がCDの3分の1あるいは4分の1という安い値段で購入でき、使い勝手もよいことから、音楽ファンはCDを見限り、一気に音楽配信に走ってしまうことになった。音楽市場を支えてきたCDの売上は急激に下降し、市場は縮小した。

これがきっかけとなって、音楽ファンの流行歌離れも始まったのではないかと思われる。悪いことにはCDが売れなくなったばかりではなく、流行歌がラジオやテレビで流れることが目に見えて少なくなった。あれほど人気のあったテレビの歌番組がほとんど消えてしまい、テレビCMの音楽やテレビドラマのテーマ曲として、流行歌が流れることも激減した。そのためレコード会社の流行歌の制作活動にもブレーキがかかった。アーティストにとって楽曲を発表したり売り出したりする機会も少なくなっていった。流行歌をめぐる悪循環は止まらなくなった。

このような状況について、流行歌の作詞家として多くのヒット曲を世に送ってきたなかにし礼は、流行歌を歌謡曲という呼称に置き換えて次のようにいう。

「歌謡曲は昭和という時代と並走し、時代を映してきた。（中略）ところがそんな歌謡曲の世界が消滅する日がやってきた。それは皮肉にも、ずっと歌謡曲が見つめ続け映し続けてきた時代の転換によってもたらされた。昭和から平成に移るころである」（『歌謡曲から「昭和」を読む』ＮＨＫ出版新書）

流行歌は本当に消滅してしまったのだろうか。我々の社会生活と流行歌の関係に、何が起こったのか。「歌は世につれ、世は歌につれ」というように、互いに影響し合う深い関係にあった両者のあいだに、いったい何があったのだろうか。

1

流行歌の起源と揺籃《ゆりかご》時代

日本の流行歌は大正時代にその産声《うぶごえ》をあげたのだが、もちろん日本人はそこで初めて歌を歌ったり聴いたり、演奏したりすることを始めたわけではない。それ以前の明治時代、さらにさかのぼって江戸時代やそれ以前の時代にも、人々は音楽とつながりを持って生活していた。それは娯楽だけではなく、神への祈り、儀式など多くの場に及んでいた。これから日本の流行歌の話を進めていくに当たって、流行歌と呼ばれる歌が誕生する以前に人々はどのような歌や音楽に触れていたのかについて、概観しておきたい。

1 江戸時代にも民衆が歌う「はやりうた」があった

２５０年もの長い年月のあいだ鎖国という幕府の施策が続いた江戸時代の日本には、書画、演劇、舞踊、芸能など幅広い分野にわたり、日本独自の文化が成熟した。音楽の分野もその例外ではない。そこでは多様な音楽が生まれ発展することとなった。

この時代には多くの海外諸国でもそうであったように、〝士農工商〟という身分制度が敷かれ、階層社会が生まれていた。そのため各種文化もそれぞれの階層のなかで特色を持つものが生まれていた。音楽について大別すると、宮廷や貴族の人々は「雅楽《ががく》」、武士は「能楽《のうがく》」、農・漁民は「民謡」、そして町人は「俗謡《ぞくよう》」を、それぞれ楽しんでいた。これらのうち町人に広がった「俗謡」が中心となって、後年の流行歌につながっていく。

ひとくちに江戸時代の俗謡といってもその種類は多様である。共通項は当時もっともポピュラーな楽器だった三味線の伴奏で歌われたことである。三味線が日本に渡来した経緯は諸説あるが、室町時代の１５６０年頃、琉球から大阪に持ち込まれたという説が一般的である。

三味線はこの時代に発展した人形浄瑠璃《じょうるり》や歌舞伎の音楽に使われる楽器として、日本の音楽文化に定着していったが、そのような舞台芸術としてプロの芸人が歌う楽曲だけではなく、一般の民衆が好んで歌う小唄《こうた》や端唄《はうた》のような短く、軽い歌にも使われるようになった。それらは総称して三味線俗謡と呼ばれ、庶民のあいだではやがて「はやりうた」とも呼ばれるようになる。

江戸時代に流行した民謡、伊勢音頭。遊女が三味線にあわせて踊っている。

出典：国立国会図書館デジタルコレクション

この時代に江戸でも大阪でも栄えた町人文化は、〝軽妙さ〟や〝粋《いき》〟ということをよしとするものだったが、三味線俗謡はまさにそのような文化のなかで育まれた音楽である。20世紀後半の日本で本格的な花を咲かせることになる流行歌は、その流れをさかのぼれば江戸時代の三味線俗謡に源《みなもと》を発するものといえる。

2 明治の大ヒット曲「オッペケペー節《ぶし》」の誕生

アメリカのペリー艦隊の来訪をきっかけに長かった鎖国が終わり、日本は1868年に開国して明治維新という政治・経済の大改革の時期が訪れる。それと同時に文化の大革命である文明開化も始まった。庶民の歌である「はやりうた」も新しい時代を迎えた人々の歌として少しずつ変わっていくことになった。

この社会の変革のなかで人々の生活は大きく変わった。それは人々にとって喜ばしいものである反面、明治政府の新しい体制への順応が必要となり、苦しい生活を強いられることにもなった。そのため〝主権は国民にあり〟を主張する壮士《そうし》たち（職業的な政治活動家や先鋭的な学生たち）によって自由民権運動が始められた。

　自由民権運動の壮士たちは、薩摩《さつま》・長州《ちょうしゅう》出身の政治家・官僚・軍人による明治新政府に反発し、当初は街角や公共の場所で演説会を開いたが、新政府はそのような演説会を厳しく取り締まった。そこで壮士たちは演説会をやめざるを得なくなり、その代わりに演劇や歌によって自分たちの思想を人々に広める活動を始めた。そのためいろいろな「はやりうた」が作られ、いくつかのヒット曲も生まれた。いずれも国家権力である明治政府を批判する歌、風刺する歌、茶化す歌、抵抗する歌など、当時の庶民の気持ちを反映する歌が多かった。

　そのなかで、１８９１（明治24）年頃、「オッペケペー節」という歌が京都から各地に広がった。それは政府の施政を茶化した歌で、笑福亭《しょうふくてい》という寄席に出演していた川上音二《かわかみおとじ》郎《ろう》という役者が、芝居の終了後に毎日歌った。彼は民権運動の壮士だったが政府の弾圧を避けて演劇に入った人物だ。

川上音二郎と貞奴（1905 年）。

権利・幸福きらいな人に、自由湯《じゆうとう》をば飲ませたい

オッペケペ、オッペケペ、オッペケペッポーペッポッポッポー

このような歌詞と軽快なメロディで、当時人々に大いに受けたという。このとき川上音二郎はいわゆる壮士芝居の一座をひきいて全国を廻り、舞台から「オッペケペー節」を歌ったので、この曲は日本中に広がり多くの人々に歌われた。〝全国津々浦々《つつうらうら》で歌われた〟といういい方がされていることからも、明治時代の「はやりうた」のなかでも最大級のヒット曲といえるだろう。

しかし彼は歌手が本業ではなかった。落語家、講談師としても活動したが、この時期からは壮士演劇の劇団のリーダー、俳優、作家、演出家として活動を始めた。彼の始めた芝居はやがて新派《しんぱ》と名乗るようになる。新派は歌舞伎に対抗する新しい演劇として発足し、現在にも受け継がれている。彼の人生の後半は川上音二郎一座による演劇活動が中心となった。

1899（明治32）年には一座はアメリカに渡り公演をおこなう。1900（明治33）年にはロンドンでの公演に続き、パリの万国博覧会で公演した。当時日本の絵画や工芸品がジャポニズムとして注目されており、人気芸者で音二郎の妻となっていた貞奴《さだやっこ》が出演したこともあって、大きな話題を呼んだ。

3 演歌が生まれる

このように自由民権運動への明治政府の弾圧は、壮士たちの街頭演説や演説会を禁止し、違反者の拘束などという強硬手段もとられた。それに対抗する手段として川上音二郎のように、芝居という手段を選び舞台の上から民権思想を人々に広めようとするものがあったが、歌で民権運動を展開しようとするものも多く生まれた。彼らは演説の代わりに歌で思想を広めていった。そこに〝演説〟ならぬ〝演歌〟が生まれた。

それは書生節、壮士節などとも呼ばれ、彼らは街頭に立って威勢のよいいでたちで、自分たちの主張を盛り込んで歌ったり、歌詞が書かれた歌本を売ったりした。この時期の演歌の歌詞は政治的な主張などが盛り込まれたもので、娯楽性は少なかった。

ところが1889(明治22)年に大日本帝国憲法が制定され、国会が設置されて有産者に選挙権が与えられると、自由民権運動はその存在意義が薄れてしまった。演歌は政治的な目的ではなく、壮士たちの生活を支えるために歌われるようになった。彼らの行為は政治運動から、歌手という職業活動へと変わったのである。そこで彼らは演歌師と呼ばれるようになり、歌の形も変化した。歌詞もメロディも抒情的なものに変わり、後の流行歌に近いものになった。

明治末期から大正の前半期にかけて、演歌師の活動はますます活発になる。そのきっかけは、演歌をバイオリンの伴奏で歌謡調に歌う演歌師が現れたことによる。1909（明治42）年頃、神長瞭月《かみながりょうげつ》という演歌師によって先鞭《せんべん》を着けられた。彼の芸は歌もバイオリンも本格的で、作曲家としても「松の声」「華厳の嵐」「ハイカラ節」「残月一声」などの作品を書き、演歌師の牽引者《けんいんしゃ》的存在となった。

なかでも神長瞭月の自作自演による「松の声」は、1914（大正3）年に日本蓄音器商会（後の日本コロムビア）でレコード録音され、このことからこの曲を日本の流行歌のレコード第1号、あるいは日本の流行歌の第1号と呼ぶこともある。しかし後の「カチューシャの唄」のように、西洋音楽の要素が加わった新しいタイプの歌ではなく、江戸時代からの俗謡

バイオリンを伴奏に、ふたり組みで演歌を歌う大正時代の演歌師。

画：山上波子

の流れを引く日本の伝統音楽の範疇《はんちゅう》の楽曲だったことを考えると、そのように位置づけるのは適切ではないだろう。

またこの時期の演歌を、その後、日本の流行歌のなかで脈々と息づいていく演歌の原型のようにみることもあるが、同じ理由で適切ではないと思われる。しかし大正時代に入るあたりからは、演歌の内容はますます政治色が薄れ、恋愛や事件をテーマにするようなものが多くなり、西洋音階も使われるようになって、今日の流行歌的、そして演歌的な要素がさらに強くなる。その意味で演歌は時代を追うごとに変化してきたものということができる。

4 初めての流行歌「カチューシャの唄」が生まれた

日本で流行歌と呼ばれるようになった歌が生まれ、スター歌手が誕生したのは、1914（大正3）年の松井須磨子が歌った「カチューシャの唄」が最初とされる。これまでみてきたように、明治時代にも浪曲、民謡、それに演歌などのような、江戸時代からの「はやりうた」の流れを汲む、人々に歌われたり聴かれたりした歌があった。しかしそれは音階も節回しも、従来の日本の伝統音楽の範疇にあるものだった。

それに対して「カチューシャの唄」は、明治中期以来、西洋の音楽文化の影響を受けた学校唱歌や軍歌にも取り入れられていた西洋音階の楽曲であり、歌詞も日常的な口語体が使われるようになった。メロディはいわゆるヨナ抜き長音階（ドレミファソラシドのファとシが抜ける）で、この後、日本の流行歌の形式として長く続いた、ヨナ抜き短音階の前駆《ぜんく》をなすものであった。「カチューシャの唄」はそれまでの日本にはなかったタイプの楽曲であり、その後、日本のポピュラー・ソングの主流となる〝流行歌〟の最初のものとされる。

この曲が生まれた経緯を改めて振り返ってみる。１９１４（大正３）年、当時の新劇の新興劇団「芸術座」は東京の帝国劇場

ヨナ抜き長音階

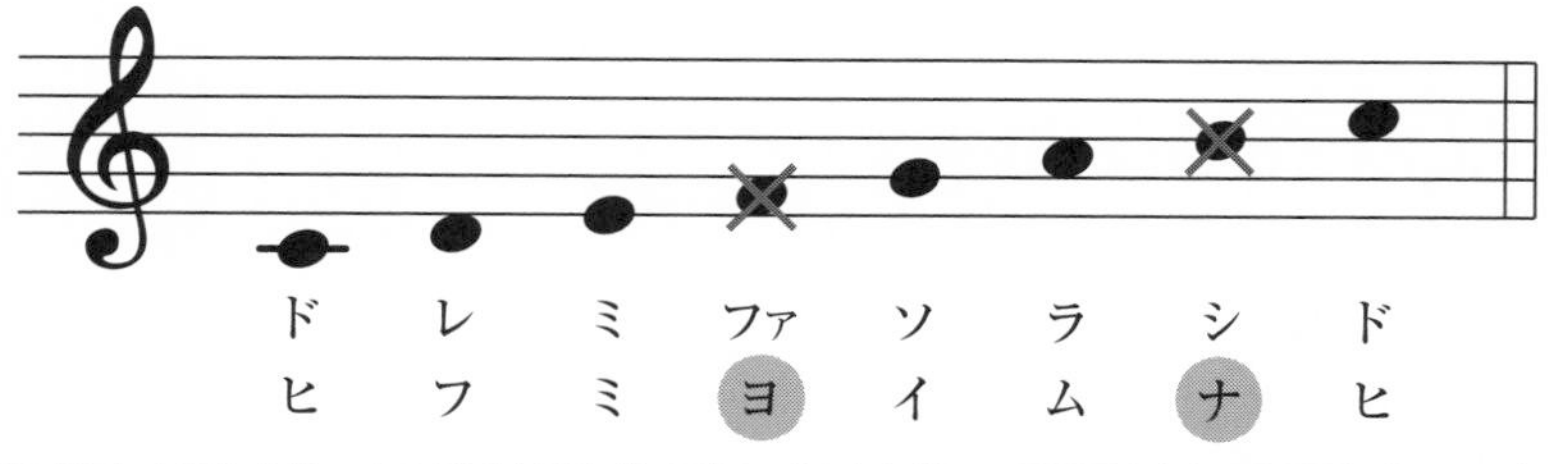

「ドレミファソラシ」は、かつて日本では「ヒフミヨイムナ」（「一二三四五六七」の和語読み）とよばれていた。長音階の４番目の「ファ」と７番目の「シ」にあたる「ヨ」と「ナ」を抜いた音階を、「ヨナ抜き」という。

ヨナ抜き短音階

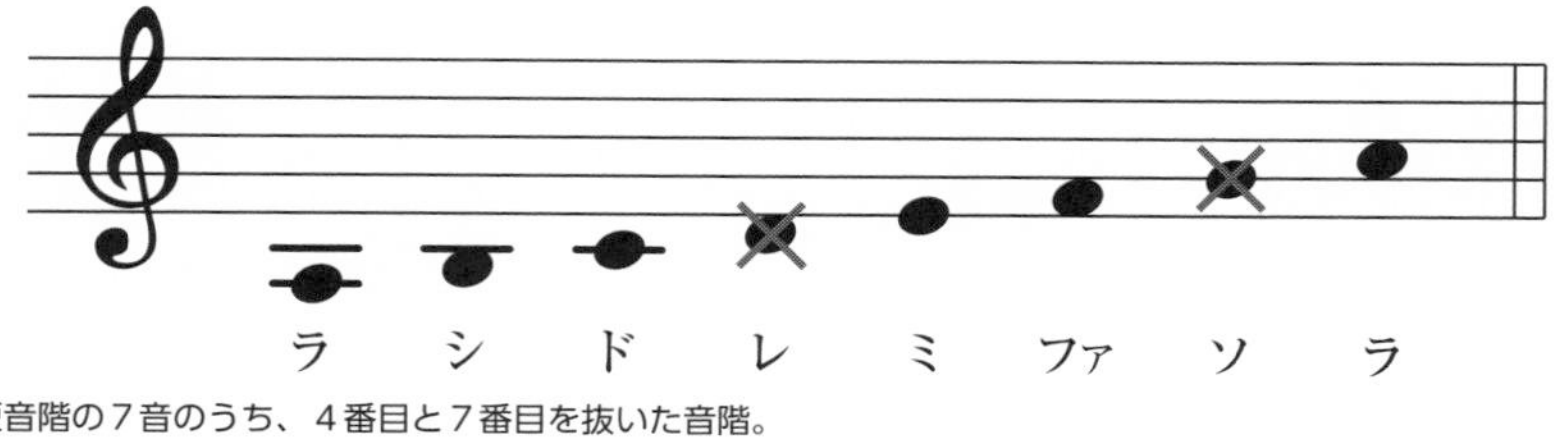

短音階の７音のうち、４番目と７番目を抜いた音階。

で、3月26日から6日間、ロシアの文豪トルストイの「復活」を上演した。「カチューシャの唄」はその挿入歌として、主演の松井須磨子によって第1幕と第4幕の終わりに歌われた。

作詞はこの演劇「復活」の演出家でもあった島村抱月《しまむらほうげつ》と相馬御風《そうまぎょふう》の合作であり、作曲はその当時、島村抱月の家の書生で、まだ27歳の若さだった中山晋平である。島村抱月はこの歌の作曲を既存の作曲家には依頼せず、まだ全く無名だった新人の中山に白羽の矢を立てた。そして今までの日本の歌にはない新しいジャンルの歌を作れという注文を、若い才能にぶつけた。その意図を汲んで作られたのが、この日本の近代大衆歌謡の第1号である。

松井須磨子。
出典：国立国会図書館ウェブサイト

仕掛人／プロデューサーの島村抱月。
出典：国立国会図書館ウェブサイト

「カチューシャの唄」を挿入することによって「復活」の公演を成功させたことに倣って、芸術座はもちろんのこと、各劇団ではこのあとも新しい公演に劇中歌を挿入することが続けておこなわれた。「復活」の翌年の1915（大正4）年には、芸術座のツルゲーネフ作「その前夜」の公演に「ゴンドラの唄」が作られて挿入された。これも唄・松井須磨子、作曲・中山晋平（作詞は吉井《よしい》勇《いさむ》）である。また1917（大正6）年の芸術座の明治座におけるトルストイ作「生ける屍《しかばね》（復活を改題）」の公演には「さすらひの唄」が作られた。

これらの公演はすべてが「復活」のような成功をおさめたとはいえず、挿入歌も「カチューシャの唄」のような短期間でのヒットにはならなかった。しかし「ゴンドラの唄」や「さすらひの唄」などは、じわじわと世の中に広がっていき、現在でも我々がそのメロディや歌詞を知る曲となった。これらの演劇の挿入歌も、抱月・晋平のふたりの手によって制作された。

5 レコード会社の誕生と流行歌

ここでレコードと流行歌の関係を確認してみよう。後年になって流行歌全般を〝レコード歌謡〟とする呼び方も生まれるほど、両者は長く深い関係を続けることになる。まず日本のレコード会社の誕生についてみていくことにする。

1896（明治29）年にアメリカからF・W・ホーンという貿易商が来日し、ホーン商会という機械工具の輸入会社を興した。そこではまもなく蝋管《ろうかん》蓄音機の輸入を始めた。そして1907（明治40）年、日本で最初の蓄音機とレコードの製造会社、日米蓄音機製造株式会社を設立した。1910（明治43）年には日本蓄音器商会と社名を変え、ニッポノホンという商標の蓄音機を製造販売し、ワシ印という商標のレコードの録音・製造・販売をおこなうようになった。日米蓄音機製造株式会社という国籍不明の会社名を捨てて、日本蓄音器商会として商品も日本製の蓄音機やレコードであることをはっきりさせたという。

レコードの中味である音楽の制作活動も始まった。日本蓄音器商会は3年間に、10インチ片面SP盤（直径約25cm）で、約1200種ものレコードを制作し発売した。その録音ジャンルも幅広く、日本の伝統芸能だけでも、端唄《はうた》、小唄、長唄、常磐津《ときわづ》、新内《しんない》、義太夫《ぎだゆう》、謡曲、詩吟《しぎん》、浄瑠璃、落語、浪花節《なにわぶし》、尺八などの多岐にわたり、さらに軍楽、唱歌、クラシック歌唱など当時徐々に広まっていた西洋音楽や、その影響を受けた新しいジャンルの音楽にも及んでいた。

日本蓄音器商会、商品目録。　写真提供：風船舎

設立の2年後、1912(明治45)年には明治天皇が崩御《ほうぎょ》され、国中が喪《も》に服するという思わぬ事態が生じ、歌舞・音曲は控えよという時期がしばらく続く。これによって生まれたばかりのレコード会社である日本蓄音器商会(以下〝ニッチク〟と表記)は出鼻を挫《くじ》かれたかにみえた。しかしそれも一時的なことに終わる。大正に入ると第1次世界大戦による景気の上昇という追い風も吹いて、同社は発展への道を歩みはじめる。

このようなニッチクの活況をみて新しいレコード会社が続々と誕生する。まず1913(大正2)年には京都で東洋蓄音器(翌年に「カチューシャの唄」を発売した)、それに大阪蓄音器、続いて1914(大正3)年には東京で弥満登音影《ヤマトおんえい》(活動写真とレコードを扱う)が名乗りをあげ、さらに翌年の1915(大正4)年には東京蓄音器が発足する。

しかし世界戦争の好況期にスタートした大正時代も、後半になると戦後の経済不況が訪れる。だがそのなかでもニッチクだけは、複製盤の問題、多くの競争相手との戦いなど、難しい環境を乗りこえて事業を続けていく。こうして日本のレコード産業の生成期といえる大正時代を通じて、ニッチクは常にその牽引車《けんいんしゃ》の役割を果たしていく。

業界のリーダーとなったニッチクが後手にまわったこともあった。それは「カチューシャの唄」のレコード発売において、後発の東洋蓄音器に先をこされてしまったことだ。「カチューシャの唄」が新しいタイプの流行歌であると気がつくのに遅れたのが原因だった。しかしニッチクは資金力にものをいわせて、1919（大正8）年には東洋蓄音器を買収してしまい、「カチューシャの唄」の販売権を手にした。

この「カチューシャの唄」が当時大ヒット曲になったことにより、ニッチクをはじめとするレコード会社は、このような新しい歌を作って売り出せば、大きな売上と利益を得られることを知る。それまでのレコード会社は都会や地方で人々に歌われている、既存のはやりうたや民謡をみつけだしてレコード化するばかりで、売るための新しい曲を作ることはしなかった。それに気がつかなかったというべきかもしれない。

しかしここに大きな転機が訪れて、レコード会社は流行歌を作ることを事業の柱とするようになる。レコードと流行歌の関係は切っても切れない深いものになり、昭和時代の流行歌の大きな発展につながっていくことになった。それはレコード会社が日本の音楽文化を担うことになったことを意味するものでもあった。

6　早くもタイアップ・ソングが出現

このような経緯があって流行歌を作ってヒットさせることが、レコード会社の基本的な仕事になった。そのためにある時期からは、タイアップという手法が使われるようになった。

タイアップとは、売り出そうとする音楽を、テレビやラジオのCMやドラマ、あるいは映画や演劇などに連動させ、それぞれの作品とのイメージを一体化させて市場にアピールして売っていくやり方である。複数の媒体の力が合わさるので楽曲が人々の耳に届く回数も多くなり、宣伝効果がそのぶん大きくなってヒットする確率も高くなる。

この手法はテレビの放送が本格化した1970年代あたりから多くなり、1990年代には年間のヒットソング・チャートの上位の9割近くが、そのようなタイアップ・ソングとなったともいわれる。

ところがテレビもラジオもまだなかった大正時代に、タイアップの手法を使って成果をあげた事例がある。じつは「カチューシャの唄」という日本の流行歌第1号が、まさにそのタイアップ・ソングだった。なぜそういえるのか。

まず「カチューシャの唄」がヒットするようになったきっかけをいくつかあげてみよう。

①新劇の劇団「芸術座」が上演した「復活」公演の際に、1回の公演で2回ずつ、主人公の女優・松井須磨子によって歌われたこと。総回数は400回以上になったという。

②新劇の演目であるこの「復活」は「カチューシャ」と題して1914（大正3）年10月に映画化された。無声映画だったが、この映画が上映されるときには、スクリーンの脇で女性の声色で弁士が「カチューシャの唄」を歌った。

③松井須磨子本人が歌う情景が、キネトフォン方式で映画化された。現在のビデオクリップの原型のようなものであった。

④多くの演歌師が街頭で歌ったりバイオリンで弾いたりしてアピールした。

⑤楽譜が印刷されて、楽譜販売店や街頭で歌う演歌師によって販売された。

⑥月刊誌『音楽世界』（9巻5号）に楽譜が掲載された。早稲田の敬文堂《けいぶんどう》は島村抱月の序文に竹《たけ》久夢二《ひさゆめじ》の絵をそえて、楽譜を出版した。

⑦東京の堀越嘉太郎《ほりこしかたろう》商店という化粧品メーカーが、ホーカー液という日焼け止めの化粧品の宣伝に、「カチューシャの唄」の替え歌を使った。「カチューシャ可愛いや化粧の効験（ききめ）、広い皇国《みくに》の外までも　高い香りの　ララホーカー液」という替え歌の歌詞が、全国の新聞広告に掲載された。

「ホーカー液のびん」。写真提供：熊谷市立江南文化財センター　山下祐樹

これらがこの曲がヒットした主な要因である。「カチューシャの唄」が、この時期の曲としては多くのタイアップの仕掛けがされていたことがわかる。演劇や映画とのタイアップはもとより、当時としては重要な音楽メディアだったといえる演歌師の力を借りてもいる。化粧品の販売促進のための替え歌も作られた点は、商品タイアップのハシリだったともいえる。

このように多岐にわたるタイアップの仕掛人は、芸術座の座長であり、この新劇「復活」の演出家であり、主題歌「カチューシャの唄」の作詞者でもあった島村抱月である。彼は演劇という芸術のジャンルに、音楽というもうひとつの芸術のジャンルを連動させて、演劇と音楽の両方を成功させようとした。ところが映画や楽譜出版などのメディアも巻き込むことになり、彼が予想していた以上の多くのタイアップとその成果を得ることになった。

中山晋平記念館にある、「カチューシャの唄」の銅像。

写真提供：長野県中野市中山晋平記念館

7 関東大震災を予告した？「船頭小唄《せんどうこうた》」

この時期に流行歌として作られたのは、「カチューシャの唄」に始まった演劇の劇中歌ばかりではない。大正時代の曲で日本の流行歌の歴史において注目すべき曲として「船頭小唄」がある。この曲は1918（大正7）年に野口雨情《のぐちうじょう》が作詞、その後中山晋平が作曲したもので、当初は「枯れすすき」というタイトルだった。

おれは河原の　枯れすすき
同じお前も　枯れすすき
どうせ二人は　この世では
花の咲かない　枯れすすき

この曲には次のような3つの注目点がある。第1は、その後日本の流行歌の特色ともなった〝ヨナ抜き短音階〟（→P26）が初めて使われたということである。作曲した中山晋平は「カチューシャの唄」では〝ヨナ抜き長音階〟を使って成功した。それに比べてヨナ抜き短音階は、ヨナ抜き長音階よりもさらに哀愁を帯びて悲し気な情感が表現される。それが日本の民衆の好みに合うことになった。特に１９２１（大正10）年頃の日本は、それまで続いていた戦争特需や戦勝による好景気が終息して、物価高・不景気が始まり、人々の心は沈んでいた。こうした世相のなかに登場したヨナ抜き短音階で暗い曲調の「船頭小唄」は、庶民の心に強く響き大きなヒット曲となった。そして中山晋平が日本の流行歌に初めて使ったこのヨナ抜き短音階は、その後の日本の流行歌に長く使われるベーシックな音階になった。

「船頭小唄」の第2の注目点は、この歌がそれまでの「カチューシャの唄」や「ゴンドラの唄」などのような演劇の劇中歌ではなく、野口雨情が作った歌詞に、中山晋平が曲をつけた純粋な流行歌だった点である。作られた当初は人々の反応は少なかった。しかしこの歌は暗い気持ちに沈んでいた人々の共感を呼んで、徐々に広がりはじめた。つまりまだレコード化もされない段階で、人々の口から口へと伝わり、演歌師が歌ったこともあって世の中に広まって、ヒット曲となった。それはこの曲が後の昭和時代の流

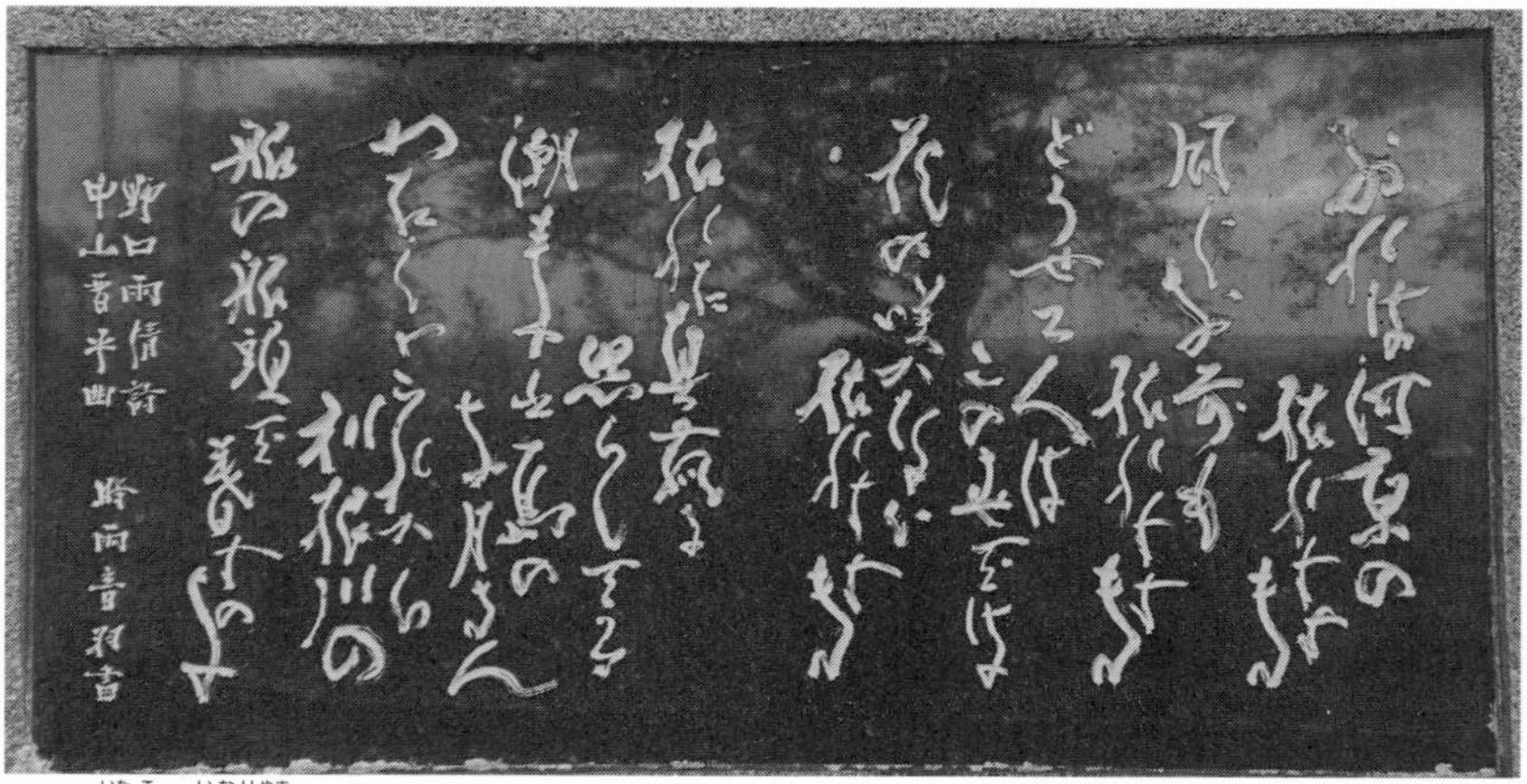

茨城県潮来《いたこ》市稲荷山《いなりやま》公園にある「船頭小唄」の歌碑。　写真提供：潮来市

行歌のようにレコードやラジオ、あるいはテレビの力ではなく、歌詞と曲の魅力だけで人々を惹きつけてヒットしたことを意味する。もちろん発表の2年後の1923（大正12）年には、女優の中《なか》山歌子《やまうたこ》によって初めてレコードに吹き込まれ、続いて演歌師の鳥取春陽《とっとりしゅんよう》、田辺正行《たなべまさゆき》、高橋銀声《たかはしぎんせい》などの歌で次々とレコード化され、さらに全国的な大ヒットとなった。またレコード化されたことで後世にも残る曲になった。

第3の注目点は、この歌が流行していたピーク時の、1923（大正12）年9月に関東大震災が起こったことである。「船頭小唄」の流行はこの災害のために一時的に水を差されてしまう。そして当時の新聞では「この歌を歌うと不幸な災害を思い出す」という論調の記事が書かれ、作家の幸《こう》田露伴《だろはん》までが「この曲の退廃性が不幸な災害を呼んだのだ」という論調で批判するなど、この曲は悪者扱いされてしまうことになった。

この頃から当時のインテリ層や富裕層からは、庶民が好む流行歌を低俗な歌、暗い歌として嫌う風潮が生まれていた。「船頭小唄」はその風潮を助長してしまうことになった。その後〝流行歌は低俗〟との決めつけは新聞記事などにも多くなる。「船頭小唄」は暗くて悲しいという批判を受けた。ほかにも昭和に入ってからは、男女間の表現が露骨《ろこつ》だ、思想的に偏《かたよ》りがある、反戦的だなど、歌詞の内容の品性や反社会性が問題とされる歌も多くなった。このことは流行歌が、単に夢やあこがれを歌うものではなく、人々の生活のなかの苦しい心情を歌うものでもあることに起因する。「船頭小唄」はそのようなやり玉にあがった代表的な歌であった。

またこの歌は1957（昭和32）年に映画「雨情《うじょう》物語」が作られたときに、主人公の野口雨情を演じた森繁久彌《もりしげひさや》が主題歌として歌い、リバイバル・ヒットもした。それからは野口雨情がオリジナルの歌詞を書いたときのタイトル「枯れすすき」と呼ばれることも多くなった。また1974（昭和49）年には、この歌のアンサーソングともいうべき「昭和枯れすすき」が作られ、さくらと一郎のデュエットで歌われヒットした。これらのことからも「船頭小唄」が、日本の流行歌のなかで長く生き続けている歌であることがわかる。

2

流行歌の開拓時代の仕事人たち

ここまでみてきたように、大正の初期に「カチューシャの唄」が生まれたのをきっかけに、「流行歌」と呼ばれるようになる新しいタイプの歌が作られ、歌われるようになった。流行歌の黎明期《れいめいき》、あるいは開拓時代とも呼ぶべきこの時代には、新しい才能を持つアーティストが登場するようになった。新しい曲を作る作曲家や作詞家、それを歌う歌手たちである。

しかしこれらのアーティストたちの近くにいて、彼らが作る音楽を世の中に知らしめるために、力を尽くしていた人々のことも忘れてはならないだろう。彼らは新しい歌を広めるために、レコードの技術を海外から導入したり、レコードを作って売るためにレコード会社を作ったり、レコードを宣伝するための方法を考えたりして、歌を流行させるための仕組みを作ることに日夜奔走した。彼らは20世紀にピークを迎えることになる流行歌の発展のための、礎《いしずえ》を築いた産業人たちといえるだろう。明治末期から大正時代という古い時代のことで、記録として残っているものも少ないのだが、この時代に活躍した音楽仕事人とも呼ぶべき数人の足跡を追ってみることにしたい。

1 浅草・銀座に日本初のレコード店創業 〜三光堂《さんこうどう》・松本武一郎《まつもとたけいちろう》

音楽ファンにとってレコード店は、とても居心地のよい楽しい場所だ。いつ訪れても音楽が流れており、つい長い時間をすごしてしまう。そこでは新しい歌や曲を知ることも少なくない。レコード店というものが日本で最初に生まれたのは、明治30年代の中頃、1900年前後のことだった。それは三光堂という店名で東京・浅草の並木町《なみきちょう》に開店した。まもなく銀座、大阪、福岡にも支店を出した。

店主は松本武一郎。彼は四国の愛媛出身で、故郷を離れてしばらくは、神奈川県の横須賀造船所で働いたが、音楽が好きで当時まだ誰も着目していなかったレコードのビジネスに興味を持った。最初は1台の旧式の蝋管式蓄音機と数種類のレコードを準備し、それを浅草の繁華街の路上に置いて、人々に有料で聴かせる

1900（明治 33）年に創業した、三光堂銀座店。

ことを始めた。お客の耳にゴム管をはめ込んで、聴こえてくる音楽を楽しんでもらい料金をいただくというものだ。音楽といっても当時の浪曲や俗謡が中心だった。彼はこのような仕事から人々がどんな音楽を好むのかを調べたともいわれる。

レコード店は開いたものの蓄音機もレコードも国産品はまだなく、アメリカやヨーロッパからの輸入品を扱うことから始めた。しかしまもなく国産の蓄音機やレコードを生産するための準備・研究を始め、輸入品にはない日本の音楽のレコードを作ることを急いだ。

もうひとつこの時期に研究を急がなければならないことが起こった。それはレコードの技術開発が進み、エジソンの発明した蝋管式蓄音機・レコードから、アメリカのベルリナーが開発した円盤式蓄音機・レコードへの世界的な移行が始まったことである。三光堂でもそれに対応して、ドイツから技師を招くなどして研究を急ぎ、円盤式蓄音機とレコードを作ることに着手した。

そうするうちに人々のレコードへの関心が徐々に高まって、三光堂には強力なライバルが現れた。銀座の貴金属・時計商の天賞堂《てんしょうどう》が、蓄音機やレコードにも進出するようになったのである。1903（明治36）年の12月には、天賞堂は、円盤レコード輸入開始の大型広告を有力新聞に掲載

松本武一郎。

した。

三光堂も負けてはいなかった。この頃、大阪で内国勧業博覧会が開かれたが、「パビリオンでは何処《どこ》も彼処《かしこ》も蓄音機が大流行」と新聞も報じたほど蓄音機とレコードは注目を浴びた。明治天皇も訪れて蓄音機に興味を持たれた。その結果、三光堂が明治天皇へ蓄音機を献上する栄誉を得ることになった。松本武一郎は感激してレコードをわざわざ録音しなおして上納したという。これを機に三光堂は「宮内庁ご用達」の看板を掲げることが許され、商売に大いに弾みがつくことになった。

三光堂が製造販売した蝋管式蓄音機。

松本武一郎は、もうひとつ日本のレコード産業の歴史のなかで大きな足跡を残している。日本で初めてのレコード会社の設立に力を尽くしたのである。彼はアメリカの貿易商、F・W・ホーンと、蓄音機やレコードの輸入ビジネスを通じて知り合った。ホーンは三光堂の設立に際しても経済的な援助をしている。そして1907（明治40）年、ホーンは日本で最初の蓄音機とレコードの製造会社、日米蓄音機製造株式会社（日本コロムビアの前身）を設立した。松本はその準備に当たって東奔西走してホーンに協力した。当然、新会社では松本も重要なポストに就任するはずだった。

しかし突然の不幸が松本を襲った。１９０７（明治40）年、まさに日米蓄音機製造株式会社の設立の直前、彼は急病により42歳で逝去してしまった。『日本コロムビア50年史』では松本武一郎は創業の恩人として扱われている。また大正時代の業界誌『蓄音機世界』の主幹の横田昇一はその創刊号で、「松本は日本レコード産業創成の最大の功労者」と称えている。

ところで松本武一郎が明治末期という日本の資本主義産業の黎明期《れいめいき》に、次々と新しい事業に取り組んでいったうしろ盾には、日本の実業界の父として５００もの会社の設立に関与したといわれる渋沢栄一《しぶさわえいいち》がいた。松本の出身地の愛媛には渋沢家の近親の人物が多かったことが機縁だったという。三光堂が「宮内庁ご用達」の看板を得たのも、渋沢栄一の推挙があったためともいわれる。

2 イギリスの録音技師が来日録音～フレッド・ガイスバーグの仕事

１９０３（明治36）年1月のこと、横浜港に着いた日本会社ラインの「神戸丸」から4人のヨーロッパ人が降り立った。彼らはイギリスのグラモフォン&タイプライター社（以下グラモフォン社と表記。後のＥＭＩレコード）のアジア地域への音楽録音ツアーで出張してきたクルーで、実質的リーダーは録音技師のフレッド・ガイスバーグだった。

ガイスバーグ一行は、同年の3月に再び横浜港から帰途につくまでの約1か月半、東京に滞在し、当時、演奏・上演されていた日本の音楽・芸能を、じつに273枚ものレコードに録音した。これが日本で初めての円盤式蓄音機用のディスク式レコード（SP盤）の録音である。彼らは録音した原盤をヨーロッパに持ち帰り、レコードにプレスし量産し、日本へ逆輸出する計画だった。

彼らが録音した273曲の音楽や演芸は非常に多岐にわたるもので、雅楽、能、狂言、常磐津、義太夫、長唄、清元などの伝統音楽はもとより、落語、浪曲、声色、詩吟など寄席や街角演芸の演目もあった。そして庶民向けの俗曲、俗謡に代表される「はやりうた」も含まれていた。

このような音楽のレコード化のための録音という行為が、明治後期の日本という、まだ技術環境も未成熟、音楽ビジネスの環境も未発達だった場所で、しかも過去に来日の経験もないヨーロッパ人だけで構成されていたクルーによっておこなわれた。録音機材はヨーロッパから船便で持ち込まれた。それを東京・築地明石町《つきじあかしちょう》のメトロポールホテルに運び、客室を臨時に改装して仮設スタジオを作った。そこにアーティストを呼んで演奏をさせて録音したという。

ガイスバーグはどのような人物だったのか。

フレデリック・エミール・ガイスバーグ（1873～1951）は、アメリカの首都ワシントンでドイツ系の移民の子どもとして生まれた。もともとはピアニストで、エジソンのコロムビア・フォノグラフ・カンパニーの蝋管レコードの録音スタジオでピアノ伴奏をしていた。このときの縁で平円盤レコードの発明者エミール・ベルリナーと知り合い、すぐにベルリナー社に移る。

以後ベルリナー社でベルリナーの片腕として録音、制作の業務に取り組むことになる。１８９８年ロンドンに移り、新たにベルリナーが開設したイギリス・グラモフォン社のために音源を録音する仕事に就く。しかし音楽を録音する仕事だけでは飽き足らなくなったガイスバーグは、自らアーティストを探して育成する仕事も始める。そのためにロンドンにじっとしているだけではなく、アーティスト発掘のため各地を旅するようになる。

１９０２年にはイタリアのオペラの本場ミラノに出かけ、そこで世界的歌手エンリコ・カルーソーの録音に成功する。これが世界の音楽愛好家にレコードの持つ魅力を知らしめることになり、グラモフォン社にも大きな成功をもたらすことになった。またガイスバーグはディレクターとしての名声をあげ、仕事への自信を深めることにもなった。レコード会社にとってディレクター（Ａ＆Ｒとも呼ばれる）という存在が、重要であることを知らしめることにもなった。ガイスバーグはこのほかにも、フェオドール・シャリアピン、ネリー・メルバ、フリッツ・クライスラーなど、当時の名歌手・名演奏家の歌唱・演奏のレコード制作を手掛けている。

このような経歴を持つイギリス・グラモフォン社のガイスバーグによる、日本での平円盤レコードのための大規模な録音セッションは、この時期日本への攻勢をかけようとしていたアメリカのＲＣＡビクター社やコロムビア社にも刺激を与えた。

ガイスバーグの帰国直後の１９０３（明治36）年の春には、アメリカのコロムビア社から録音技師がやってきて、当時の日本の著名な音楽家の楽器演奏や歌唱、有名人の演説などを録音して、アメリカに持ち帰り、平円盤レコードに製造して日本で販売した。

アメリカのコロムビア社に続いてアメリカのビクター社も録音技師を日本に送り込み、邦楽の吹き込みをおこなった。その時期については明確な記録がないが、第1回は1907（明治40）年だったという説がある。これらアメリカのコロムビア社やビクター社の日本録音は、ガイスバーグのイギリス・グラモフォン社の録音曲数を大きく上回り、数回にわたる両社の録音セッションはそれぞれ毎回800～900曲にも及んだという。

このような海外のレコード会社の日本への攻勢は、誕生してまもない日本のレコード産業の関係者に大きな影響を与えた。この産業が今後大きく発展することを感じた彼らは、円盤蓄音機やレコードにかかわる技術の習得を急いだ。それはレコードの新しいレパートリーとしての日本の流行歌の発展を促すことにもなった。

ガイスバーグの日本録音を全曲収録したCDアルバム『全集日本吹込み事始』〈11枚組〉。2001年EMIジャパン発売。

3 流行歌ディレクターの草わけ〜ニッチクの森垣《もりがき》二郎《じろう》

日本で初めてのレコード会社である日米蓄音機製造株式会社（後のニッチク）が設立されたのは、前述のとおり1907（明治40）年のことだった（→P29）。明治末期のこの時期は人々のあいだでは、浪花節《なにわぶし》（浪曲）という芸能が大きな人気を集めていた。特に吉田奈良丸《よしだならまる》という浪曲師は、桃中軒雲右衛門《とうちゅうけんくもえもん》と並んで抜きん出た人気があった。そのためスタートしたばかりのニッチクが吉田奈良丸の得意の演目をレコードにして売り出したところ、予想を上回る枚数が売れ、大ヒットとなった。これによってニッチクは早くもドル箱スターを手中におさめると同時に、レコードがビジネスとして成り立つことを確信することになった。

このことがあってからレコード会社は、浪花節だけではなく長唄、義太夫、常磐津、新内、端唄など、当時人々が好んで聴いていた音楽・芸能のジャンルのなかから、人気のある曲や演目とアーティストを選んで、それをレコード化して発売することを始め、それによってレコード会社としての事業が軌道に乗ることになった。

この頃からレコード会社にレコード・ディレクター、あるいはレコーディング・ディレクターという仕事が生まれた。それは多くの街や村で歌われたり演奏されたりする音楽のなかから、レコードという商品にして発売するのに適したものをみつけだすという、重要な仕事を任されるポストであった。

まもなくニッチクに森垣二郎という青年が入社した。彼は俳優を目指して俳優養成学校に通っていたが、新しい音楽メディアであるレコードに強い関心を持ち、俳優への道は捨ててレコード会社に入社した。日本の伝統音楽に深い造詣と知識を持つ彼は、レコード・ディレクターに任命された。

彼はディレクターとして幅広いジャンルの音楽にかかわることになったが、民謡の発掘という仕事もそのひとつだった。この頃、野口雨情、中山晋平、西條八十らの詩人や作曲家は、レコード会社の要請もあって民謡調査の旅と称して、各地の民謡を発掘するための旅に出ることを始めていた。このような芸術家の調査には、森垣はレコード会社のディレクターとして同行した。

そこでみつかって面白いと評価された民謡は、すぐにレコード化して売り出された。群馬県の「八木節」もそのひとつで、ひとたびレコード化されると、「蓄音機のある家ではこれを買わなかった家がないほどの流行となった」という。

またそうした調査旅行では、参加していた芸術家たちのその後の創作活動に生かされる曲も発見され、新しい民謡小唄と呼ばれる歌や、流行歌につながる曲が生まれることにもなった。レコード会社のディレクターとしての森垣の仕事はそれらを取り仕切る仕事だった。

しかし大正時代に入ってしばらくすると、状況に変化が生じる。きっかけは「カチューシャの唄」の誕生だった。流行歌第1号の「カチューシャの唄」は浪花節や民謡のようにすでに人々が歌っていた歌ではなく、演劇の挿入歌として新しく作られた曲だった。「カチューシャの唄」がヒットしたことによって、レコード会社は新しい曲を作って売ることのほうが、はるかに重要でうま味のある仕事であることに気がついたといえる。

そうなると森垣たちレコード・ディレクターの仕事も少しずつ変わっていった。ヒットする歌を作れるプロの作曲家や作詞家をみつけること、それを歌えるプロの歌手を探して育てること、録音した歌を流行歌としてヒットさせるための方策を考えることなどが、重要な仕事になっていった。

このような変化のなかで森垣は中山晋平・西條八十など当時の売れっ子の作曲家・作詞家をレコード会社の担当者として掌握するようになった。その結果として「ゴンドラの唄」「さすらひの唄」などの大正期の代表的なヒット曲を生むことになった。森垣はニッチクが日本コロムビアと名称を変えた太平洋戦争後までも同社での仕事を続け、多くのアーティストを育て、有能な後輩ディレクターを育て、日本流行歌の発表に大きく貢献した。

4 関西の歌を全国に広めたい〜大阪に日東レコード創業・森下辰之助《もりしたたつのすけ》

歴史的に日本の政治・経済は、その中心が長らく関西圏に置かれることが多かった。文化についても同様のことがいえる。そしてそれらが関東に移った後も、関西では独自の経済・文化が維持され発達してきた。関西人はそれを誇りにして、関東の新しい流れに対抗する意識さえ持っていた。

このようなことから、明治時代になっても関西では独自の芸能や音楽を大切にしてそれを全国に広めようという機運が強かった。そのために東京にあいついでレコード会社が生まれると、関西にもそれに対抗していくつかのレコード会社が誕生した。そのなかでも「カチューシャの唄」を発売するなど気を吐いていたのが、京都の東洋蓄音器（オリエント・レコード）だった。しかし1919（大正8）年、東洋蓄音器は東京から関西進出を狙う日本蓄音器商会（ニッチク）に買収されてしまう。

そこで関西の音楽にかかわる人々のあいだに危機感が広がった。義太夫や上方落語や漫才、さらには独特の上方の感覚の「はやりうた」など、関西には独自の演目がある。こうした芸を上方の感覚で選択してレコードを作らなければ、という意識が彼らのあいだでは強まった。そのため大阪に新しいレコード会社を設立しようとの機運が盛り上がった。そこに名乗り出たのが大阪の素封家《そほうか》である白山善五郎《しらやまぜんごろう》で、資金を提供して新会社「日東蓄音器」を設立して社長に就任した。そこで専務取締役として迎えられ音楽の制作・録音の陣頭に立ったのは、当時38歳の森下辰之助だった。彼は自らも義太夫の豊竹一門に属し、豊竹蟻洞《ぎどう》という名前をもらうほどの芸人でもあり、大阪の芸能の世界では広い人脈を持つ人物だった。

森下は関西の音楽界の期待を一身に受けて、各ジャンルの芸能・音楽の録音とレコード化に邁進した。１９２０（大正９）年の会社設立発表の翌年4月、第1回の新譜発売の折には、なんと一気に47枚（種）ものレコードが発売された。そして大正時代の6年間だけでも、全部で約２３００枚を発売した。

その内容は上方の芸能全般を網羅する見事なもので、小唄、端唄、上方落語、上方漫才はもちろんだったが、森下辰之助がもっとも力を投入した義太夫は、アーティストの顔ぶれもレパートリーの幅も特に充実していた。

日東蓄音器（ニットー）は、クラシック音楽のレコードにも力を入れていた。なかでも特筆すべきは、日本のクラシックの先達である指揮者、山田耕筰《こうさく》が指揮する日本初のオーケストラの演奏を他社に先駆けて発売したことである。

昭和に入ると東京には、ニッチクに加えて、ビクター、テイチク、ポリドール、キングなど、その後の日本のレコード産業の中核となる会社があいついで誕生して、関西の市場にも大きな影響を及ぼすようになった。

ニットーも東京に進出し、九段下に録音スタジオを建設した。そこには欧米から持ち込まれた最新技術の電気吹込みが可能な録音機材が置かれた。東京の大手のレコード会社に対抗するための思い切った投資だった。

このような意気込みの甲斐があって、１９２８（昭和３）年にニットーに最初のヒットが出る。大阪の道頓堀《どうとんぼり》をテーマにした「道頓堀行進曲」（歌・井上起久子）で、ご当地ソングのハシリともいわれ、流行歌史に残るヒットとなった。１９３３（昭和８）年には「上海《シャンハイ》リル」というアメリカのミュージカル映画の主題歌の日本語版が各社競作となったが、そのなかでもっとも売れたのがニットーの唄川幸子のレコードだった。１９３５（昭和10）年には「カスタネットタンゴ」（歌・藤川光男＝後に林伊佐緒《はやしいさお》に改名）がヒットした。ヒットメーカーとして戦前・戦後に大活躍する服部良一がこの時期にはニットーに所属し、多くの曲を作曲している。「カスタネットタンゴ」もそのひとつで、この曲のヒットがきっかけで、彼はコロムビアに迎えられた。

このように昭和に入って森下辰之助の率いるニットーは、流行歌の分野でも東京の大手レコード会社に準ずる存在になっていた。後にスター歌手となる、東海林太郎、楠木繁夫《くすのきしげお》、林伊佐緒、松島《まつしま》詩子《うたこ》らも在籍していたことがありニットーで育った歌手である。

しかしニットーは１９３５（昭和10）年には、突然同じ関西系の太平蓄音器に吸収されてしまう。その少し前に森下辰之助が退社し、大阪に設立した「邦楽同好会」という、義太夫の愛好家のための新しい事業に専念するようになっていた。大阪にメジャー・レコード会社が生まれる可能性はここで途切れてしまった。

この章では、明治後期に始まった日本のレコード産業の創成期にあって、レコード会社を設立したり、それを経営したり、そこで従業員として働いたりして実績をあげた人々について、その足跡をたどってみた。ここでわかったことは、その多くが自らが音楽や芸能に強い関心を持ち、それらを愛してやまない人々であったということである。彼らは文明開化と近代化に揺れる時代にあって、それぞれがかかわったレコードのビジネスを、試行錯誤を重ねて発展させていった。レコードは〝人のビジネス〟といわれることも多いが、これらの人々の行状からもそれが肯《うなず》ける。

3

昭和初期　本格化する流行歌の発展

～世界のメジャー・レコード会社が日本に進出

年号が大正から昭和に変わった。その直前の1923（大正12）年9月に起こった関東大震災に見舞われた東京は、まだ復興の途中だったが、日本全体が不幸な災害から早く立ち直ろうという意欲とエネルギーに溢れていた新しい時代の到来だった。大正時代に産声をあげ少しずつ成長してきた流行歌も、この昭和の時代に入っていよいよ本格的な発展期を迎える。ここでは太平洋戦争に至るまでの、昭和初期における流行歌の足取りをたどってみることにする。

1　電気録音という技術革命がもたらした流行歌の発展

1920（大正9）年に始まったアメリカのラジオ放送は、2年後には全米に400の放送局が生まれ、6万台の家庭用受信機が普及するまでになった。ラジオのために開発された電気録音方式の技術は、1925（大正14）年にアメリカのベル電話研究所が開発して特許をとったものであるが、音声を電気信号に変えるというこの技術は、まもなくレコードにも応用されポピュラー音楽の発展に大きな影響を与えていく。

アメリカのレコード会社における音楽の録音は、機械的なラッパ型の集音装置への吹き込みから、マイクロフォンを使う電気吹き込みに変わり、再生機＝蓄音機はゼンマイ式の手動型から電気蓄音機に変わることになった。レコードの音質が飛躍的に向上したのはいうまでもない。

マイクロフォンという機材の発明は、レコードの発展を促した。マイクロフォンによって声量の小さい歌手の歌も、大きな声に再生して聴けるようになった。そのため囁《ささや》くように歌うビング・クロスビーの「ホワイト・クリスマス」のような歌が、レコードで聴いても魅力ある歌として世界中でもてはやされるようになった。

この時期に世界のメジャーなレコード会社は、電気録音の導入を武器にして、あいついで日本に乗り込んできた。やってきたのはアメリカのコロムビア、ビクター、ドイツのポリドールの3社である。この3社の日本進出の手法はそれぞれ少しずつ違っていた。

コロムビアは日本蓄音器商会（ニッチク）を買収することによってその目的を果たした。アメリカのビクターは日本ビクター蓄音器株式会社を日本に設立した。ドイツのポリドール・レコードは以前から輸出代理店に指定していた阿南商会と銀座十字屋の両社に出資を促し、日本ポリドール蓄音器商会という会社を設立した。これら欧米のレコード会社の日本への進出は、昭和初期、日本の流行歌の発展を加速させた。

このように技術の発展や国際化によって産業側の体制が充実するなかで、音楽を作る才能も育ってきた。大正の末期から頭角を現していた中山晋平、西條八十、古賀政男らの才能ある作曲家・作詞家がますます熟練して、人々が好んで歌う曲を次々と発表するようになった。多くのヒット曲が生まれ、それを歌う人気歌手の顔ぶれも増えていった。

欧米のコロムビア、ビクター、ポリドールが日本にレコード会社を置いたことによって、それまでは日本の代理店が扱っていた洋楽の輸入盤は姿を消し、各社が日本で工場をつくり、そこでプレスした洋楽レコードを発売するようになった。アメリカやドイツの一流の音楽家の録音が聴けるようになったクラシック音楽は、電気録音で音質がよくなったことでファンが増えることになった。いっぽうポピュラー音楽のほうも、アメリカのジャズ、ヨーロッパのシャンソン、タンゴ、カンツォーネなど、幅広い音楽がレコードで聴けるようになり、多くの人の耳に届くようになった。これら欧米のポピュラー音楽のなかには、日本語の訳詞が作られ、日本人の歌手によって歌われた曲も多かったが、それを純粋な日本の曲と思って聴いた人も少なくなかったという。また日本人の作曲家による日本製の流行歌のなかにも、欧米のポピュラー音楽のリズムやフィーリングを取り入れた曲が作られるようになった。これらは日本の流行歌の幅や奥行きを広げることになり、流行歌が日本人の心を捉え発展する大きな要因になっていった。

2 「波浮《はぶ》の港」「君恋し」のビクターが独走
～“晋平節”が流行歌をリード

この時期に日本に開設された欧米系のレコード会社3社のうち、最初に成果をあげたのはビクターだった。1928（昭和3）年4月、生まれたばかりの日本ビクターは、第1回の新譜を数点発売した。そのなかの1枚が作詞・野口雨情、作曲・中山晋平、唄・佐藤千夜子による「波浮の港」であり、数か月で10万枚あまりも売れたという。また同年の12月に、作詞・時雨音羽《しぐれおとは》、作曲・佐々紅《さっさこう》華《か》、唄・二村定一《ふたむらていいち》による「君恋し」を発売し、これも当時の大ヒットとなる。この歌は戦後フランク永井の歌唱でリバイバルし、日本レコード大賞を受賞したことで、後世の人々にもよく知られるようになった作品である。

さらに翌年1929（昭和4）年の5月に、作詞・西條八十、作曲・中山晋平、唄・佐藤千夜子による「東京行進曲」を発売し、これも大きく売れて話題を呼んだ。このレ

「君恋し」のレコード（唄・二村定一）。

二村定一。

写真提供：金沢蓄音器館

コードの裏面には、作詞・野口雨情、作曲・中山晋平、唄・佐藤千夜子の「紅屋《べにや》の娘」がカップリングされていたが、この曲もヒットした。両A面レコードのハシリとなった。

またその翌月の7月には、作詞・時雨音羽、作曲・佐々紅華、唄・二村定一という「君恋し」と同じトリオによる「浪花小唄」が発売され、これもヒットするが、さらに8月には、作詞・西條八十、作曲・松竹蒲田音楽部、唄・佐藤千夜子による映画主題歌「愛して頂戴《ちょうだい》」が、映画の成功と連動して、ヒット曲となった。

このように1928（昭和3）年から29年にかけて、ビクターはヒットを連発し、しかもそれらの楽曲は、その後も歌い継がれて日本の流行歌史に残る名曲となる。この間、ライバルの日本蓄音器商会（外資コロムビアに買収されたが戦後日本コロムビアとなるまでは、日本蓄音器商会（ニッチク）という社名がそのまま使われた）も多くの流行歌を発売している。しかしヒット曲の数、そのヒットのスケールも、ビクターの勢いには追いつかなかった。

中山晋平。
写真提供：長野県中野市中山晋平記念館

このような成功の要因はどこにあったのだろうか。それはなんといっても素晴らしい曲を作る有能な作家たちを確保したことだろう。なかでも作曲家・中山晋平の獲得は大きかった。ビクターは、会社創設のわずか1か月後の1927（昭和2）年10月に、中山晋平を社員として入社させている。これが、昭和初期の流行歌市場において日本ビクターが独走した最大の要因といっていいだろう。

中山晋平はすでにみてきたように、大正時代から「カチューシャの唄」「ゴンドラの唄」「さすらひの唄」「船頭《せんどう》小唄」など、当時ヒットした流行歌のほとんどを作曲したといってもよいほどの実績をあげてきた。特に「船頭小唄」で彼が初めて使った〝ヨナ抜き短音階〟（→P26）という悲しげで陰鬱な音階は「晋平節」とも呼ばれ、その後、日本の流行歌の特徴的な音階として特に演歌では長く用いられた。彼が新生ビクターで作った「波浮の港」「東京行進曲」のヒットもこの音階で作られた歌である。

中山晋平が使用したピアノ。　写真提供：長野県中野市中山晋平記念館

ビクターは作詞家の獲得にも力を入れた。「船頭小唄」で中山晋平とコンビを組んだ野口雨情をいち早く獲得したことで、同じコンビから「波浮の港」が生まれたし、これもニッチク時代から中山と相性のよかった西條八十を獲得したことで、大ヒット曲「東京行進曲」が生まれた。

アメリカから上陸したばかりのビクターが、なぜこのように有能な作曲家・作詞家を獲得して、順調な滑り出しをすることができたのか。そこには大正時代にビクターの代理店として、レコードや蓄音機の輸入をしていたフレーザー商会の協力があった。

同社は新しく生まれるビクターに、本社のオフィスやスタジオの場所を提供し、有能な人材も提供した。その中心として働いたのは、フレーザー商会のビクター担当だった岡庄五《おかまさかず》だった。彼は日本ビクターの設立に協力して、そのままビクターに移籍し、文芸部長という音楽制作の責任者に就任した。新生ビクターの好調は、アーティストの発見や交渉力に長けた彼の力が大きかったともいえる。この時期ビクターは、作詞の時雨音羽、作曲の佐々紅華という新しい才能も発見し、この両者とも専属作家として契約を結んでいる。

3 「酒は涙か溜息《ためいき》か」「影を慕《した》いて」でコロムビアが巻き返し～古賀メロディが街に流れる

1928（昭和3）年から数年間、ビクターに水をあけられていたコロムビア（正式社名は日本蓄音器商会）がビクターに待ったをかけたのは、1931（昭和6）年に発売された、作詞・高橋掬太郎《きくたろう》、作曲・古賀政男、歌・藤山一郎による「酒は涙か溜息か」の成功がきっかけとなった。この後コロムビアは、「キャンプ小唄」「丘を越えて」「影を慕いて」「サーカスの唄」「ほんとにそうなら」などつぎつぎとヒットを飛ばしたが、すべて古賀政男の作曲によるものであった。

これら古賀政男の作品の連続ヒットによって、コロムビアは勢いがやや弱まっていたビクターを凌《りょう》駕《が》するようになる。中山晋平の〝晋平節〟に代わって、〝古賀メロディ〟が多くの人々に好まれるようになったのである。

古賀政男はそれまでは佐藤千夜子など、ビクターの歌手にも曲を書くようなフリーの作家だったが、1930（昭和5）年6月には専属となり、翌年には「酒は涙か溜息か」が大きくブレイクした。この時期になるとコロムビアには、作曲家として古賀政男のほかに、江《え》口《ぐち》夜《よ》詩《し》、大村能章《のうしょう》らが加わり、作詞家には高橋掬太郎、佐藤惣《そう》之《の》助《すけ》が加わる。さらに1932（昭和7）年にはビクター専属だった西條八十がコロムビアに移籍するなど、着々と充実の方向に向かう。ビクターが取り入れたアーティスト専属制を、コロムビアも活用して実績をあげることになった。

古賀政男。　写真提供：古賀政男音楽博物館

アーティスト専属制は作詞家・作曲家だけではなく、歌手にも適用された。コロムビアはこの時期、音楽学校でクラシックを勉強した藤山一郎や渡辺はま子を専属にして、流行歌を歌わせることを試みた。藤山一郎が「酒は涙か溜息か」を歌ったのもその一環だったが、それは見事に成功した。藤山は「酒は涙か溜息か」のような静かでしみじみとした歌も、「丘を越えて」のような明いジャズの匂いのある歌も得意だった。藤山の歌にはそれまでの流行歌手にはなかった欧米風の味が感じられ、ギターが伴奏に使われることも多い古賀メロディにはなくてはならない歌手となった。

古賀政男の活躍はこの後も続く。１９３４（昭和９）年、彼は設立されたばかりのテイチク（正式名称は帝国蓄音器商会）に迎えられる。この年から翌年にかけて古賀政男は「国境を越えて」「白い椿の唄」「緑の地平線」などのヒットを連発し、テイチク旋風といわれるほどの活況をもたらした。テイチクで古賀は単なる専属契約の作曲家ではなく、専務取締役・文芸部長に任命された。現在でいえば制作本部長ともいえる役職で、音楽制作の責任者であった。彼は文芸部長としてテイチクの歌手陣の強化にも取り組んだ。まず楠木繁夫をスカウトし「緑の地平線」を手始めに、次々に彼が歌う歌をヒットさせた。ジャズ・シンガーだったディック・ミネにジャズのフィーリングを持つ「二人は若い」や「人生の並木路」などを歌わせて、いずれも大ヒットとなった。芸者歌手の浅草美《み》ち奴《やっこ》に歌わせたコミック調の「あゝそれなのに」や「うちの女房にゃ髭《ひげ》がある」は、50万枚をこえるテイチク創立以来の大型ヒットとなった。

ビクター、コロムビア、テイチクのほかにも、この昭和の初期の時代には、ポリドールやキングなどの中堅のレコード会社が設立された。いずれの会社もスタート当初は中山晋平や古賀政男のような傑出した人材はいなかったが、それぞれの会社のレコーディング・ディレクターたちが、作詞家、作曲家を育て、ヒット曲やスター歌手を生み出すために努力を惜しまなかった。

たとえば日本ポリドールからは創立してまもない1930（昭和5）年に、コミカルな「酋長《しゅうちょう》の娘」というヒット曲が出たが、1934（昭和9）年には、東海林太郎の歌う日本の流行歌の歴史にも残るヒット曲、「赤城《あかぎ》の子守唄」（作詞・佐藤惣之助、作曲・竹岡信幸）が生まれた。

いっぽう1930（昭和5）年に大手出版社の講談社が設立したキングレコードは、なかなかヒット曲に恵まれなかったが、1937（昭和12）年に松島詩子の歌うタンゴ調の「マロニエの木蔭」、林伊佐緒と新橋《しんばし》みどりの歌う「若しも月給が上ったら」がヒットして軌道に乗った。

こうして昭和初期から戦中そして終戦直後までの日本の流行歌の発展期は、ビクター、コロムビア、テイチク、ポリドール、キングの大手5社が流行歌の市場を牽引した。

古賀政男音楽博物館。古賀政男に加え、日本の歌謡史についての資料も多数所蔵。
写真提供：古賀政男音楽博物館

4　メロディは外国生まれで歌詞は日本語～混血の流行歌誕生

昭和の時代になって晋平節や古賀メロディを中心に、西洋音階を取り入れた日本の流行歌が広がっていくいっぽうで、海外のポピュラー音楽、つまりアメリカやフランスを中心とするヨーロッパの流行歌が、日本人の耳に入ってくるようになった。それは明治維新からの文明開化の流れで、欧米の音楽が徐々に日本へ流れ込んでくるようになったことに起因するものだったが、直接の要因としては、海外のレコード会社が日本に進出してきたこと、海外に出かける日本人アーティストが欧米の音楽を持ち帰るようになったこと、欧米の映画が上映されそのなかで欧米の曲が流れることが多くなったこと、などによる。

このような潮流のなかで、外国曲の歌詞を日本語に訳して日本人歌手が歌う人気曲が続々と生まれるようになった。それは晋平節や古賀メロディとは異なる、バタ臭い西欧の匂いのある新しい流行歌の誕生であった。

最初のきっかけはパリで流行していた「ヴァレンシア」だった。この曲はオリジナルの海外盤のレコードが、１９２８（昭和３）年にラジオで放送されて大反響を呼び、翌年に二村定一の歌でレコード化されて大流行した。二村定一はこの当時、東京の庶民の娯楽のメッカだった浅草のオペラの駆け出しの歌手だった。ところがこの「ヴァレンシア」だけではなく、同じ１９２８（昭和３）

年に「私の青空」と「アラビアの唄」の2曲、翌年には「洒落男」という翻訳もの流行歌（当時はジャズ小唄と呼ばれていた）を歌い、そのどれもが大ヒットとなり、二枚目で甘い声の持主ということもあって、一躍人気歌手となった。

このうち「洒落男」は浅草オペラに代わって、庶民向けのレビューを上演する「カジノフォーリー」が生まれ、そこで喜劇王とまで呼ばれるようになった榎本健一（通称エノケン）がこの歌を歌いまくって大ヒットさせ、二村よりもエノケンの持ち歌として有名になった。

これらのアメリカのジャズ系の歌に加えて、フランスのシャンソン系の歌もあった。「モン・パリ」や「すみれの花咲く頃」はいずれも宝塚少女歌劇団の関係者がパリから持ち帰り、宝塚の舞台で歌われて人気を博し、それぞれ１９２８（昭和３）年、１９３０（昭和５）年にレコード化もされ、さらにヒットした。これをきっかけに宝塚歌劇の演目は〝お伽《とぎ》ばなし〟を題材にしていた時代が終わり、歌あり、踊りあり、演劇ありの〝グランド・レビュー〟の時代になった。

その後１９３０年代、すなわち昭和のヒトケタ年代の後半になると、このような海外曲の日本語化歌謡はますます増えた。男性歌手の歌としては１９３３（昭和８）年にヨーロッパのアルプス地方のヨーデルの声を取り入れた中野忠晴《ただはる》とコロムビア・リズム・ボーイズの「山の人気者」が生まれた。１９３４（昭和９）年発売のディック・ミネが歌った「ダイナ」と「リンゴの木の下で」は、外国曲らしい〝ノリ〟を取り入れた歌い方で成功し、彼はスター歌手となった。

女性歌手では音楽学校でクラシック歌唱法を学んで、当時ポピュラー音楽を歌うようになった淡《あわ》谷《や》のり子が、シャンソンの「人の気も知らないで」や「小雨降る径《みち》」などを歌って人気となった。

さらには南米からヨーロッパに渡って洗練されたタンゴにも日本人好みの歌が生まれ、この時期になって日本語訳で歌われる曲が増えた。1934（昭和9）年にはタンゴ調のロシアの歌である「黒い瞳」をディック・ミネが、翌年にはドイツのタンゴの「小さな喫茶店」を中野忠晴が、それぞれ歌ってレコード化された。

5 ブルース、タンゴが日本製の流行歌のなかにも現れる

このように外国曲のメロディに日本語の翻訳歌詞がつけられるという、外国曲の日本語カバー・バージョンともいえる歌が急増するいっぽうで、時代が進むとともに歌詞だけではなく、メロディも日本生まれの外国曲風な楽曲が作られるようになった。いいかえれば、日本のオリジナルの流行歌にも、外国の曲のリズムや情感を込めた曲を作ろうとする作曲家が増えてきた、ということである。その代表格が服部良一《はっとりりょういち》である。

彼はまずアメリカのブルースに目をつけた。ブルースといえばアメリカのジャズの根源となった黒人音楽のブルースと、世界的に広がった社交ダンスのリズムとしてのブルースが思い浮かぶが、服部が作っ

た流行歌のブルースは、そのどちらとも似ているようで似ていない。ジャズのブルースよりもテンポが遅いので、タンゴの4拍子のリズムのテンポを遅くしたようにも聴こえる。その意味では、服部がタンゴを変形させて生み出した、日本の流行歌だけに広がった固有のリズムともいえる。このリズムはキャバレーやサロンで男性客と女給が抱き合って動くだけの、チークダンス用のリズムと皮肉る人もいた。

服部が最初に発表したのは、1937（昭和12）年に淡谷のり子が歌った「別れのブルース」である。この歌は晋平節のヨナ抜き短音階の要素も持ち、歌詞には「港」「出船《でぶね》」「マドロス」「むせぶ」「すすり泣き」など、従来型の流行歌歌詞の定番の言葉が並んでいながら、リズムは西洋風のブルースで、そのような二面性が老若男女に好まれ見事にヒットした。翌1938（昭和13）年には「雨のブルース」が続いた。淡谷のり子はこの後もブルース調の流行歌を歌い、ブルースの女王といわれるようになった。

服部の成功でブルース調の流行歌が次々と生まれた。1939（昭和14）年には「上海ブルース」をディック・ミネが歌った。曲名に〝ブルース〟の文字はないが、「湖畔の宿」（歌・高峰三枝子）、「蘇州夜曲《そしゅうやきょく》」（歌・渡辺はま子／霧島昇）などゆったりとしたリズムが印象的な日本製ブルースの曲も生まれるようになった。

別れのブルース（唄・淡谷のり子）。

写真提供：金沢蓄音器館

この時期に、服部良一が日本の流行歌に取り入れることにこだわった外国のリズムがもうひとつあった。それはアルゼンチンに生まれて、ヨーロッパを経由して日本に持ち込まれたタンゴである。彼はタンゴのリズムを使った「夜のプラットホーム」という曲を、1939（昭和14）年に発表した。これは淡谷のり子の歌でレコード化された、映画「東京の女性」（主演・原節子《はらせつこ》）の主題歌として作られた曲である。夜の駅で戦場に向かう恋人と別れる女性の悲しみを歌った曲で、最後が〝君、いつ帰る〟という歌詞で終わる。ところがこれは反戦歌だと当局から睨《にら》まれ発売禁止となってしまった。

しかしそれで引き下がるような服部良一ではなかった。2年後の1941（昭和16）年「I'll Be Waiting」という題名の曲が洋楽（海外で作られ録音された曲）として、コロムビア・レコードから発売された。これはじつは「夜のプラットホーム」をいかにも洋楽のようにみせかけて、彼が改作したものだった。作曲はR. Hatterと表示されていたが服部良一の変名だった。

戦後まもなくの1947（昭和22）年には、この曲はまた日本語の流行歌として、3回目の発売がなされた。このときの歌手は二葉《ふたば》あき子だったが、戦時中の女性の多くが味わった悲しい思いをタンゴのリズムに乗せて歌った彼女の歌は人々の心を打ち、彼女の歌手人生のなかでも最大のヒットとなった。

このような時期、すなわち1937（昭和12）年から太平洋戦争が始まるまでの数年間には、タンゴを取り込んだ流行歌が多く作られ、そのなかからヒット曲も多く生まれた。代表的なものに

「マロニエの木蔭」（歌・松島詩子）、「裏町人生」（歌・上原敏・結城道子）、「上海の街角で」（歌・東海林太郎）、「或る雨の午后」（歌・ディック・ミネ）、「夢去りぬ」（歌・ヴィック・マックスウェル）、「鈴蘭《すずらん》物語」（歌・淡谷のり子）などがある。なお「夢去りぬ」は、戦後1948（昭和23）年に新しい日本語歌詞がつくられ、それを霧島昇《きりしまのぼる》が歌い大ヒットした。ヒットしなかった曲も含めればこの時期、レコードとして発売されたタンゴの歌謡曲は、この数倍の曲数になるだろう。

6　流行歌の発展が中断される～強まる軍国主義

1930年代も半ばまで進み、昭和10年代に入る頃からは、日本は1941（昭和16）年の第2次世界大戦の開戦に向かって軍国主義が色濃くなりはじめた。人々を鼓舞する軍歌や軍国調歌謡だけが街に流れ、庶民の心情や情緒を歌う流行歌は、作ることも、歌うことも、聴くこともできなくなる方向に向かっていた。1937（昭和12）年7月に日華事変が勃発したが、その前後から軍部の指示による逓信省（後の郵政省）の文化娯楽の統制が厳しくなり、愛・恋・涙などがテーマの〝軟弱〟な歌謡は統制の対象になりはじめた。

この時期に日本人が好むと好まざるとにかかわらず、聴くようになり歌うようにもなったのが軍歌である。軍歌は軍隊の内外で作られて歌われる歌であり、日本では明治になって軍隊が組織されるようになった頃に生まれた。しかし日本の軍国主義が強まった昭和のこの時期には、以前にも増して多くの軍歌が作られるようになった。軍歌は大別すると3つに分類される。ひとつは軍隊や国家機関などで作られた官製のもの。これには「軍艦マーチ」「日の丸行進曲」や軍隊の連隊歌の「関東軍軍歌」などがある。ふたつ目はレコード会社や放送局など民間で作られたもの。これには「露営《ろえい》の歌」「暁に祈る」「麦と兵隊」などがある。そして3つ目は軍人や兵士などによって自発的に作られたもの。これには「同期の桜」「海軍小唄（ズンドコ節）」「可愛いスーちゃん」などがあった。

太平洋戦争が近づいた頃やその最中の時期には、官製の軍歌が多く作られたが、それ以上に民間で作られる軍歌（軍国歌謡とも呼ばれた）も多くなった。特にレコード会社では戦争開始直前には多くの軍国歌謡が作られた。そのため「レコード会社は戦争を利用して儲けようとしていた」などと後になって批判されることにもなった。この時期によく歌われた曲に、古関裕而《こせきゆうじ》・作曲、藪内喜一郎《やぶうちきいちろう》・作詞の「露営の歌」（勝ってくるぞと勇ましく…）があったが、この歌に代表されるように、軍国歌謡や軍歌は行進曲のリズムが大半だった。

古関裕而作曲、「露営の歌」の楽譜。

写真提供：風船舎

この時期の主役はあくまでも軍歌だったが、従来のような流行歌が歌われてヒットすることもあった。特に太平洋戦争の開戦直前の数年は、流行歌でも穏健な歌詞の歌の取締りはまだゆるかった。「東京ラプソディ」（歌・藤山一郎）、中国のメロディを取り入れた「支那《しな》の夜」（歌・渡辺はま子）、「蘇州夜曲」（歌・渡辺はま子／霧島昇）など、さらには映画「愛染《あいぜん》かつら」の主題歌「旅の夜風」（歌・霧島昇／ミス・コロムビア）、そして「上海の花売娘」（歌・岡晴夫《おかはるお》）などは、みな開戦直前の時期のヒット曲である。

例外的に太平洋戦争中にも販売が許されヒットした流行歌もあった。１９４２（昭和17）年には映画「婦系図《おんなけいず》」の主題歌である「婦系図の歌」（歌・小畑実《おばたみのる》／藤原亮子《りょうこ》）が映画の人気に乗ってヒットした。この歌は戦後「湯島の白梅」と改題され歌い継がれた。またこの年にはハワイ生まれの日系2世歌手の灰田勝彦《はいだかつひこ》が、「新雪」と「鈴懸《すずかけ》の径《みち》」を歌って連続ヒットを放っている。翌１９４３（昭和18）年には股旅もの映画「伊那《いな》の勘太郎」の主題歌の「勘太郎月夜歌」（歌・小畑実＆藤原亮子）がヒットした。この年には「お使いは自転車に乗って」（歌・轟夕起子《とどろきゆきこ》）という戦時中の歌とは思えない明るい曲も作られたが、戦局悪化をカモフラージュする軍部の策略ともいわれた。この歌は戦後１９４７（昭和22）年には、戦後の社会を活気づける歌として、ＮＨＫのラジオ歌謡としても復活した。この後、戦争末期の１９４４（昭和19）～４５（昭和20）年になると新しい歌が作られ、それが流行するということはほとんどなくなる。

このように、戦争の時代にも歌われた歌はあった。しかし人々は決して歌いたい歌を歌っていたわけではない。歌の選択肢は非常に制約されていた。軍国歌謡や軍歌は確かに歌われたが、平和な時代の流行歌のように人々が本当に好んで作ったり、好んで歌ったりしていた歌とはいえない。その意味でこの時期の歌は、ほかの時代の歌と同列の流行歌と呼ぶことは適切ではないだろう。この時代は、流行歌がほぼ消滅した時期というべきかもしれない。それはいうまでもなく、戦争のなせるわざである。

4

レコード・映画・ラジオの蜜月《みつげつ》時代

～歌謡曲の誕生

ここで時計を少し逆回りさせて、流行歌が発展期を迎えた昭和の初期に戻ってみる。この時代はラジオという新しいメディアが出現し、映画がこれまでの無声の時代から、トーキーという技術革命の時代を迎えてさらに躍進を始めた時期だった。ラジオも映画も番組や作品を作るために音楽を必要とし、レコード会社はそれによって音楽を広めることができるようになった。レコード、映画、ラジオの3者のつながりは時代を追うごとに深くなっていった。ここではそのような3者の関係を振り返ってみたい。

1 「東京行進曲」が大ヒット～レコードと映画の連携が本格化

流行歌と映画の関係は、1914(大正3)年の無声映画「カチューシャ」と、キネトフォンの「カチューシャの唄」というふたつの映像作品に始まる。このことはすでに本書第1章でみたとおりだが、流行歌第1号「カチューシャの唄」誕生のときから、早くも流行歌と映画のかかわりが生まれていたことは紛れもない事実である。そしてこの後もヒットした流行歌が出現すると、直ちにそれを題材にした映画が作られることが多くなる。

「カチューシャの唄」に続いたのは、1917(大正6)年のヒット曲「さすらひの唄」をテーマにした映画であり（映画のタイトルは芸術座公演の舞台と同じ「生ける屍」）、さらに、１９２３（大正12）年の「船頭小唄」が映画化され、続いて「水藻《みずも》の花」「ストトン節」「恋慕小唄」「籠《かご》の鳥」「新籠の鳥」などの映画が立て続けに作られた。

当時は流行歌という呼称はまだなく、小唄と呼ばれていたため、これらの映画は小唄映画と呼ばれた。それは小唄のヒットがあって、その人気を利用して映画が作られ、観客を呼び込んでいたからである。

昭和に入ってからもビクターの流行歌「君恋し」がヒットしたことをみとどけてから、日活映画が当時のスター、滝川久子主演の悲恋映画「君恋し」を作ったが、この場合もまず先にヒット曲ありきだった。このような状況は音楽を作るレコード会社が、映画会社に企画の材料を与え続けていたということを意味する。映画会社は曲がヒットするのを待って、短期間で映画を作り、それを興行にかけてお客を集めたのである。

しかし１９２９（昭和４）年の「東京行進曲」からは大きな変化が生じた。「東京行進曲」という映画が企画され、そのなかで歌われる主題歌として同名の「東京行進曲」という歌が作られたのである。

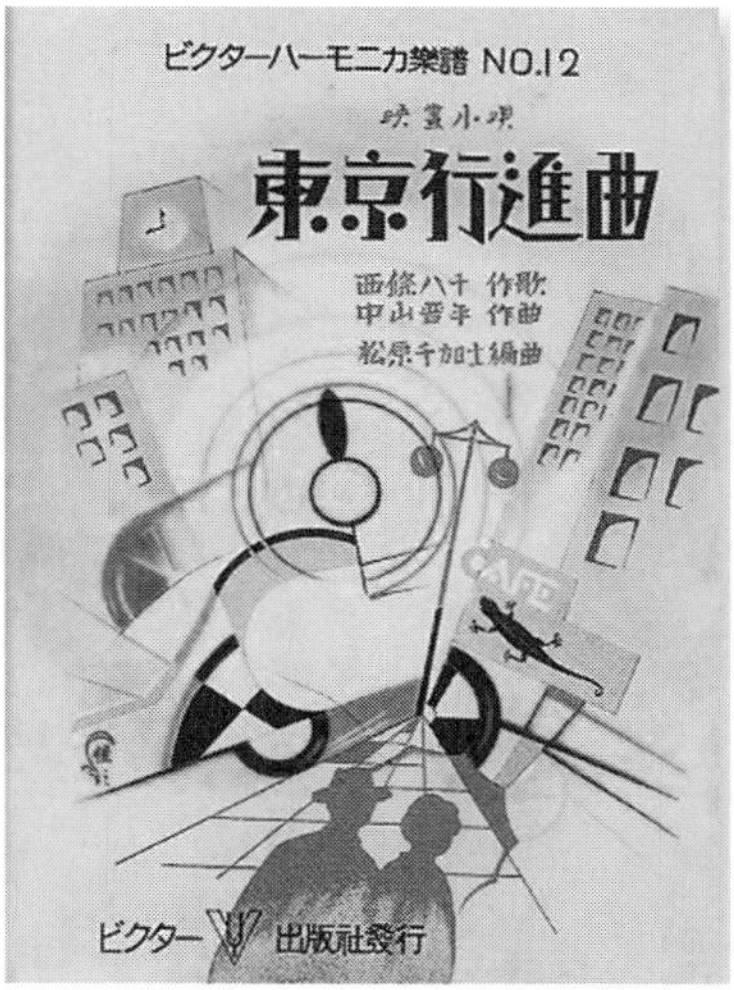

「東京行進曲」の楽譜。
出典：Gendai Eigasha and Nikkatsu Uzumasa ©1929

今までのように先に歌が作られるのではなく、映画の企画が先に立てられたということだ。

その結果、映画会社のイニシアティブが強くなった。たとえば「東京行進曲」の主題歌の作詞を担当することになった西條八十に、日活の宣伝部長からも「歌詞は原作と関係なくてもよいが、充分流行性のあるものを」というような注文が直接出されたという。

「東京行進曲」は映画も歌も大当たりした。映画も大勢の観客を動員したが、作詞・西條八十、作曲・中山晋平、唄・佐藤千夜子による流行歌「東京行進曲」も、前述のようにビクター初期の大ヒットとなり、流行歌の歴史に残る作品にもなった。

このような試みが成功して、レコード産業と映画産業という、異種企業同士の提携はますます頻繁になった。「君恋し」や「東京行進曲」の成功でビクターと日活映画の結びつきは特に深まったが、コロムビアと新興映画、ポリドールと松竹映画などのコンビも生まれ、そこからもヒット作品が生まれた。

たとえば「東京行進曲」と同じ1929（昭和4）年には、映画「沓掛時次郎《くつかけときじろう》」と主題歌の「沓掛小唄」、そして映画「愛して頂戴」と同名の主題歌、さらに映画「絵日傘」と主題歌の「祇園《ぎおん》小唄」が作られ、映画も主題歌もヒットした。

この時期にレコード産業は、映画産業という同じ娯楽産業も味方に引き入れ、発展に結びつけることに成功した。逆に映画会社の立場からも同じことがいえた。それは21世紀の現在でもおこなわれていることである。

2 流行歌の最重要な宣伝媒体となったラジオ

レコードの発展とほぼ同時期に発展の道を歩んだもうひとつのメディアに、ラジオがある。レコードとラジオも互いに協力し合い、影響し合って成長してきた盟友である。

日本のラジオ放送は、1925（大正14）年3月、東京芝浦《しばうら》での試験放送から始まった。同年7月に東京・愛宕山《あたごやま》放送所からの本放送が開始され、まもなく大阪と名古屋の放送局も生まれて、その3者が合体して日本放送協会（NHK）が生まれた。

当初ラジオ局が好んで放送した音楽は流行歌ではなく、大正時代に学校で音楽教育を受けた青年層やインテリ層が愛好した海外のクラシックやポピュラー音楽、あるいは山田耕筰、成田為三《なりたためぞう》、滝廉太郎《たきれんたろう》らの音楽に代表される日本製の歌曲などだった。

当時のラジオでは長時間の全曲放送が難しく、またレコードに比べて音質的にも水準が低かったことから考えると、ラジオがレコードのさわりだけを音楽ファンに聴かせ、全曲を聴きたいファンをレコード店に向かわせるということになり、特にクラシック音楽のレコードの販売促進には大いに貢献したといわれる。

では流行歌はどうだったのか。アメリカではラジオが生まれると、2年間で一気に400局ものラジオ局が誕生した。それらのラジオ局からは日本の流行歌に相当するポピュラー音楽が盛んに放送され、レコードが売れなくなってレコード産業は一時的に大きな打撃を被ったという。

しかし日本ではそのようなことは起こらなかった。なぜなら日本のラジオ局は当初、流行歌を放送しなかったからだ。それには相反するふたつの理由があった。①レコード曲を放送すればラジオがレコードの宣伝をすることになってしまうことをラジオ局が嫌ったこと。②逆にレコード曲を放送すればアメリカで起こったようにレコードが売れなくなってしまうことをラジオ局が配慮した。このふたつである。

だがもうひとつ別の理由もあったといわれる。それはラジオはレコード会社が作る流行歌を俗っぽく下品な庶民の音楽として、放送から遠ざけたということである。それはこれまでにみたように、当時の流行歌には、歌詞も旋律も退廃的な色合いの濃いものや、露骨な男女間の愛情表現のものが多く、庶民には喜んで受け入れられたが、マスコミやインテリ層からは問題視されていたのである。

昭和初期の東京放送局、愛宕山スタジオ。　郵政博物館提供

このような状態がしばらく続いたあと、事態は変化する。ラジオ局が徐々に流行歌を放送するようになったのだ。それはラジオの普及が急速に進み、聴取者が庶民層にも広がり、レコードの普及によって国民的娯楽の域に達しつつあった流行歌を、放送せざるを得なくなったからである。しかしラジオでの流行歌の放送が、レコードの売上の足を引っ張るというアメリカで起きたような事態にはならなかった。それとは正反対にラジオが歌の流行を煽《あお》り、レコードが売れて、歌手の人気も高めるということになったのである。

変化の要因はいくつか考えられるが、なんといってもこの時期には蓄音機も一般家庭に着々と普及していたこと、それに伴ってレコードの価格も引き下げられて、庶民にとっても贅沢品ではなくなっていたことがあげられる。

またラジオは聴きたい曲を選べないのに対し、レコードでは聴きたい曲を任意の時間に楽しむことができるうえに、何度でも繰り返し聴けるという利点がある。さらにレコードは好きな音楽を自分のものにするという、個人の所有欲も充《み》たすことにもなった。

このような経緯があって、レコードはラジオを敵ではなく味方に引き入れることができるようになった。ラジオはレコードにとって、路上で流行歌を広めていた大正時代の演歌師とは比較にならないほど、頼もしい協力者となった。

3 放送局から生まれた〝歌謡曲〟という歌

すでに述べたとおり、大正の初期に生まれた「カチューシャの唄」は、生まれた当初はレコード会社も流行歌とは呼んでおらず、〝小唄〟とか〝新民謡〟と呼んだ。レコード会社がこの種の歌を流行歌と呼ぶようになるのは、大正の末期から昭和の初めにかけてのことである。1928（昭和3）年の「鉾《ほこ》をおさめて」も「波浮の港」も〝新民謡〟として発表されている。

この頃から放送局（当時はNHKのみ開局）では、レコード会社が発売する流行歌や新民謡を〝歌謡曲〟と呼ぶようになっていた。〝歌謡曲〟の名付け親は、NHKの東京局の邦楽主任だった町田嘉章《よしあき》とされる。彼はその後は邦楽の研究家、音楽評論家として活躍するようになる。作曲家としても、新民謡「ちゃっきり節」を作曲している。

なぜ放送局ではレコード会社が使う流行歌や新民謡というジャンル名を使わず、〝歌謡曲〟という名称を使うようになったのかについて、次のようなことがいわれている。当時は放送の内容は事前の検閲がおこなわれていた。監督官庁は逓信省である。レコードで発売された曲、ヒットした曲でも、不健全で軟弱な歌詞や、反社会性のある歌詞の歌とみなされたものは許可されなかった。この時期はこのような流行歌が増えていたことも事実だった。放送局内では流行歌のそのような傾向に対する反発も強くなったという。そこで放送に使える健全な曲を〝歌謡曲〟として、レコードの流行歌とは区別するようになった。

それについては放送局内にさらに新しい動きも生まれた。1935（昭和10）年、NHKは「新歌謡曲」という新番組をスタートさせた。それは従来のレコード会社の流行歌とは一線を画す、家族がそろって歌えるような明るくて健全なポピュラー・ソングをラジオ局が作って、世の中に送り出そうとしたものである。この番組は1年間の試験期間を経て、翌年の1936（昭和11）年に「国民歌謡」と名前を変えて本格的なスタートを切った。

名も知らぬ 遠き島より 流れ寄る 椰子《やし》の実ひとつ
故郷の 岸を離れて 汝《なれ》はそも 波に幾月《いくつき》

これは、この番組から生まれた島崎藤村《とうそん》・作詞、大中《おおなか》寅二《とらじ》・作曲の「椰子の実」である。このほかにも〝トントントンカラリ〟という詞がユニークな岡本一平《いっぺい》・作詞、飯田信夫・作曲の「隣組《となりぐみ》」、サトウハチローの詞、仁木他喜雄《にきたきお》の作曲で童謡として定着した「めんこい仔馬」など、歌い継がれる名曲が生まれた。これらの曲の顔ぶれからもわかるように、このとき国民歌謡の番組か

1936年、NHK刊行、国民歌謡「椰子の実」の楽譜。

ら生まれた歌は、今でいう〝ホームソング〟や〝童謡〟に近い曲が多かった。
しかしこの番組もスタート時点の意気込みが続いたのは数年間で、戦争の進展とともに戦時色の強い歌が多くなっていった。番組名も「われらのうた」さらに「国民合唱」と変わり、これで〝歌謡〟や〝歌謡曲〟という呼称も、当分のあいだ消えることになった。〝歌謡曲〟が再登場するのは戦後しばらくしてからのことである。

この「国民歌謡」という番組には、日本の流行歌の歴史のなかで注目すべき点がもうひとつある。それはNHKというラジオ放送局が歌を作りはじめたことである。企業が新しい歌を作ることは、レコード会社が昭和初期に本格的に流行歌を作りはじめてから、ほぼ独占的に続けてきたことである。ここで放送局も歌を作りはじめたので、レコード会社が曲を作り、放送局はそれを放送するという役割分担が崩れることになった。戦後、流行歌を作ることはまたレコード会社だけの仕事となるが、それが再びレコード会社の手を離れ始めるのは、1970年代のことである。

5

昭和中期　戦禍からの復興（1945～60年代）

～それは和製ポップスと演歌で始まった

1945（昭和20）年8月15日、昭和天皇の終戦宣言放送をもって、日本は長く続いた戦争から解放された。勝利を願っていた人々は悲しんだが、多くの人々は苦しかった戦争から解放されることになり、世の中には安堵感も広がった。しかしそのいっぽうで敗戦という結果をどのように受け止めるのか、今後の生活がどのようになるのか、不安も大きく広がっていった。人々の苦悩や戸惑いのなかで、音楽は新しい姿に生まれ変わりはじめた。長らく軍事国家への道を進んできた日本の音楽は、軍歌・軍事歌謡が大手を振って歩いていたが、敗戦を機に軍歌は一夜にして姿を消し、歌舞伎・浪曲などの伝統芸能も、国粋的な匂いの強いものとして一時的にご法度《はっと》となった。音楽を作る側も何を作ったらよいのか手探りの状態、音楽を聴く民衆もしばらくは戸惑いが続いた。

しかしそのような状態は長くは続かなかった。終戦とともに日本に駐在するようになった占領軍によって、ジャズやラテン音楽など、アメリカを中心とする西欧の音楽が日本にドッと流れ込んできた。それは新しい音楽を求めていた日本人、特に若者のあいだに勢いよく広がった。さらに特筆すべきことは、それら欧米の音楽が刺激となり、日本独自の新しいポピュラー音楽が次々に誕生した。それは新しい日本の新しい歌の誕生であり、20世紀後半から21世紀という長い期間に広がっていく新しい流行歌の始まりでもあった。流行歌は日本のポピュラー音楽文化を担う音楽として、戦前にも増して発展することになった。ここからはこのような戦後の新しい流行歌の誕生と発展経過についてみていくことにする。

1 敗戦に沈む人の心を鼓舞した「リンゴの唄」「東京ブギウギ」

終戦の年の秋、１９４５（昭和20）年の10月に、「そよかぜ」という映画が封切られた。浅草のレビュー小屋で働いていた少女が、周囲の人々の応援で人気者の歌手になっていく、というストーリーだったが、その映画の主題歌として「リンゴの唄」が作られた。

じつはこの映画も主題歌も、まだ戦争中だった１９４５（昭和20）年の春に企画されたもので、映画会社の松竹が、長引く戦争に疲れていた人々の癒《いや》しになるようなテーマの映画を作ろうということから生まれたという。軍国調一色だった時期の日本の映画としては、少女が主人公という珍しい内容だったが、そろそろ人々の苦悩も限界に近づき、このようなテーマも許されるようになっていたのだと思われる。

これなら終戦直後の人々の心を和らげる効果もあるだろうとの判断から、終戦からわずか2か月後に公開された。

赤いリンゴに くちびる寄せて だまって見ている 青い空
リンゴは何にもいわないけれど リンゴの気持ちは よくわかる
リンゴ可愛いや 可愛いやリンゴ

作詞・サトウハチロー、作曲・万城目正《まんじょうめただし》、歌・並木路子《なみきみちこ》による主題歌「リンゴの唄」は、孤独感のただよう歌詞と、短音階の少し寂しげなところもあるメロディではあるが、〝赤いリンゴ〟に気持ちを寄せる歌詞と、行進曲風の軽快なリズムが曲全体に流れ、元気よく弾むような並木路子の歌声もあって、人々の心に明るさと希望を与えることとなった。そのため映画の主題歌としてだけではなく、スクリーンから飛び出して戦後初めての流行歌として全国に広がっていった。

終戦直後のヒット曲として、日本の流行歌の歴史で語り継がれている曲がもう1曲ある。それは1948（昭和23）年に笠置《かさぎ》シヅ子が歌って、大きくヒットした「東京ブギウギ」である。この曲は服部良一の作曲だが、彼は戦前からブルースやタンゴなどの海外のポピュラー音楽のリズムを取り入れることによって、日本の流行歌に新鮮さと多様性を持たせることに情熱を注いできた作曲家である。「東京ブギウギ」は彼の戦後初のヒット曲であり、ここでも海外のリズムや、そこから派生させた新しいリズムが使われている。彼のやり方は、その後も日本のレコード会社や作曲家たちによって受け継がれていく。

「東京ブギウギ」で服部良一が使ったのは、アメリカの進駐軍が持ってきた黒人のブギのリズムだが、もちろんオリジナルの野性的なブギをそのまま使ったのではない。中山晋平の〝晋平節〟の音階＝ヨナ抜き長音階も取り入れて、日本人好みの旋律も忍び込ませている。今までの日本の歌謡曲にはなかった激しいリズムや、アクの強い歌詞が随所に使われており、それを笠置シヅ子が喚《わめ》くような大声で歌った。人々はその迫力に圧倒された。曲の冒頭の〝トーキョ・ブギウギ！〟の部分などは一度聴けば耳に残り、誰もが口ずさんだ。こうして服部良一の狙いは成功し「東京ブギウギ」は大ヒットとなった。さらに彼は１９４９（昭和24）年に、「銀座カンカン娘」もブギウギのリズムを使ってヒットさせた。

しかし「リンゴの唄」や「東京ブギウギ」のようなヒット曲は生まれたものの、終戦直後の約５年間は、日本の戦後の復興がまだ軌道に乗らず、流行歌が広まる土壌もまだ充分には育っていない時期だった。レコードとして発売される流行歌の曲数も、その後の時代に比べればまだずっと少なかった。

とはいうもののこの時期に作られた曲には、昭和の流行歌のスタンダード・ナンバーとして、その後も歌い続けられるようになった曲が意外と多い。この時期のヒット曲は戦前の昭和10年前後の、日本の流行歌の生成期に多く作られた、よき時代の曲のイメージを持つ曲が多く、

「東京ブギウギ」を歌う笠置シヅ子。

写真提供：ジャパンアーカイブズ

それらが戦後まもない、まだ精神的にもゆとりを持たなかった人々の心を打つことになったとも考えられる。

たとえば、戦場から帰国した復員兵たちの胸を打ってヒットしたという「かえり船」（歌・田端《たばた》義夫《よしお》）、シベリアからの復員兵のひとりで、後に流行歌の作曲家として成功する吉田正《よしだただし》が持ち帰って注目された「異国の丘」（歌・中村耕造《こうぞう》・竹山逸郎《いつろう》）、あるいは港や海外へのあこがれを歌って人々の心の琴線に触れた「港が見える丘」（歌・平野愛子）や「憧れのハワイ航路」（歌・岡晴夫）などのようなヒットも生まれた。

ほかにも1947（昭和22）年には、「啼くな小鳩《こばと》よ」（歌・岡晴夫）、「夜霧のブルース」（歌・ディック・ミネ）、「山小舎の灯」（歌・近江俊郎《おうみとしろう》）など、1948（昭和23）年には、「君待てども」（歌・平野愛子）、「湯の町エレジー」（歌・近江俊郎）など、1949（昭和24）年には、「青い山脈」（歌・藤山一郎&奈良光枝）、「薔薇を召しませ」（歌・小畑実）、「長崎の鐘」（歌・藤山一郎）など、昭和の流行歌の代表曲が、あいついで生まれた。

さらに戦前に流行したラテン系のリズムを使った曲も新たに多く登場した。「赤い靴のタンゴ」（歌・奈良光枝）、「情熱のルムバ」（歌・高峰三枝子）、そしてタンゴの「上海帰りのリル」（歌・津村謙）などがある。

2 進駐軍（GHQ）が残した〝大いなる〟遺産

1945（昭和20）年からの約5年間は、日本の流行歌にとって、1950年代以降に訪れるめざましい飛躍の時代への、準備期間ともいえる時期であったともいえる。

なぜそういうことがいえるのか。この時期は戦争に敗れた日本に、アメリカを中心とする戦勝国の軍隊からなる駐留軍GHQ（General Headquarters）が進駐して、最高司令官のマッカーサー元帥の指令のもとに日本を全面的に統治していた時期である。この駐留軍が日本に進駐しているあいだの彼らの施策が、日本のポピュラー音楽に大きな影響を与えることになった。

それはGHQが政治や経済だけではなく、日本人の文化生活をもコントロールしようとしたことで生まれた。GHQはNHKの建物の中に民間情報教育局という機関を置き、教育、新聞、出版、娯楽などがそこで監視された。

1950年頃の第一生命館（皇居前）。GHQ庁舎として使われていた。

音楽もそのなかに含まれた。ここでのGHQの文化コントロール政策の基本のひとつは、日本人に多くの娯楽を与えて、政治をはじめとするシリアスな問題を深く考えないように仕向けること、ましてやアメリカに復讐する気持ちなどは絶対に起こさせないようにする、ということだったともいわれる。

そのためにGHQは「3S政策」を採用した。3Sとはスクリーン、セックス、スポーツであり、日本人をそれらに夢中にさせてしまおうという狙いであった。たとえばこれらの娯楽を楽しむための施設、すなわち映画館、ダンスホール、キャバレー、体育館などを充実することを奨励した。そのためにGHQも多額の予算を充当したという。

多くのアメリカ映画が輸入され、その多くが敗戦で沈んでいた日本人の気持ちを明るくし、人々は映画館に足を運んだ。音楽も大いに奨励された。なかでもアメリカの音楽であるジャズやハワイアンやラテン音楽などが、映画やラジオやレコードを通して日本人の耳に届くようになった。この時期のアメリカ映画のテーマ曲や主題歌には、日本でヒット曲として親しまれるようになったものも多かった。

ラジオはまだ日本の民間放送が始まる前で、NHKのラジオ放送を中心に音楽番組を放送したが、FEN放送の役割も大きかった。FENとは、Far East Network（極東放送）というラジオ放送で、第2次世界大戦中に東アジアに赴《おもむ》く自国の兵士に向けて米軍が始めたものである。日本でも終戦の年の1945（昭和20）年9月から、日本に駐屯《ちゅうとん》する米兵にアメリカのいろいろな情報を知らせるために放送が始まった。放送した音楽はアメリカで流行っているジャズやポピュラー・ソングで、故郷を離れて任務についている米軍兵士たちが喜んで聴いた。

しかし聴いていたのは米軍の兵士ばかりではなかった。この放送は日本のラジオ受信機でも聴けるAM（中波）放送だったので、この時期の日本人、特に音楽好きの日本の若者のなかには夢中で聴くものも少なくなかった。日本ではこの放送を通じてアメリカ音楽を好む音楽ファンが増えることにもなり、日本に洋楽ファンという音楽愛好層が育ちはじめたともいえる。そしてそのなかからプロのミュージシャンや作曲家やDJも生まれ、後の時代の日本のポピュラー音楽（流行歌）のなかに、欧米の音楽がどんどん取り込まれて、〝和〟と〝洋〟が融合した曲調のヒット曲が生まれていく大きな要因となった。このようにFEN放送は日本の流行歌にも大きな影響力を発揮することになった。

もうひとつ、進駐軍の駐留が日本の流行歌の発展に影響を及ぼしたものがある。それは、日本各地の米軍の基地内に置かれた米軍クラブで演奏された音楽である。米軍クラブは日本での軍隊生活を余儀なくされた米軍の将校や兵士たちが余暇をすごすために、飲食や娯楽を提供する施設だった。音楽としてはバンド演奏や歌が提供された。そのなかでも彼らが喜んだのが、ジャズやポピュラー・ソングなどのアメリカ音楽だった。

しかしアメリカから演奏者を呼ぶことはままならず、そこでは日本人の楽器奏者、歌手、バンドが代役を果たすことになった。彼らは引く手あまたの状態で、複数の米軍クラブを忙しく駆け回り、そのような仕事を通してアメリカの音楽をたっぷり吸収していった。

米軍基地には一般の日本人は原則的に立ち入り禁止だったので、いかにアメリカ音楽のファンであろうとも日本人は、米軍クラブの演奏を観客として聴くことはできなかった。しかしアメリカの音楽は、クラブに出演していた日本人のミュージシャンたちからクラブの外に持ち出され、日本の音楽ファンのあいだに少しずつ広がっていった。

やがて進駐軍の5年間の日本の駐屯が終わるときがきた。米軍クラブという職場を失った音楽家たちは、今度は日本人の観客が集まる場所で演奏するようになった。そこで日本人の音楽ファンは改めてアメリカ音楽の魅力に惹きつけられていった。そこはアメリカのポピュラー音楽が、日本のポピュラー音楽に多大な影響を与える場にもなった。

米軍クラブで腕を磨いてその後活躍した主な日本人アーティストとしては、次のような名前があげられる。歌手では小坂一也《こさかかずや》、松尾和子、フランク永井、ペギー葉山、江利チエミ、雪村いづみなど。またバンドマンやバンドリーダーでは、松本英彦《ひでひこ》、ジョージ川口、原信夫、スマイリー小原《おはら》、世良譲《せらゆずる》などがいた。さらにそこからは、渡辺晋《しん》、渡辺美佐、堀威夫《たけお》、永島達司など、ミュージシャンから音楽ビジネスに進出して実績をあげたものもいた。彼らはアーティスト事務所の経営や、海外アーティストの招聘、音楽著作権の管理などに取り組み、流行歌を含む日本のポピュラー音楽の発展に尽くした。

このように米軍クラブは、単に日本でのアメリカの音楽の発信元になっただけではなく、日本人の有能なアーティストや音楽ビジネスマンを育てるという大きな役割も果たした。

3 アメリカの曲を日本語歌詞で歌う～カバー・ポップス流行

ある時期から、Aという歌手がBという歌手の持ち歌を歌ったり、レコーディングしたりすることを、AがBの歌を〝カバー〟するというういい方をするようになった。これも英語圏から伝わってきた用語である。日本の流行歌の歴史では戦後まもなくの1950年代になったばかりの頃、多くの〝カバー・ポップス〟と呼ばれる曲がレコード化され、ヒットした時期があった。この時期の〝カバー・ポップス〟とは、海外でヒットした外国語の歌を日本語にして日本人歌手が歌ったものである。

最初にヒットしたのは、1952（昭和27）年に江利チエミが歌った「テネシー・ワルツ」だった。この曲はその2年前にアメリカでパティ・ペイジが歌ってミリオン・セラーを記録している。江利チエミは直後、同じ年にナット・キング・コールのヒット曲の「トゥ・ヤング」のカバーも歌い、これが「テネシー・ワルツ」を上回る大ヒットとなった。

この時期にカバー・ポップスを歌ってヒット曲を何曲か出した歌手に、雪村いづみもいる。彼女は1954（昭和29）年に「青いカナリヤ」と「オー・マイ・パパ」のカップリングのレコードを発売し、どちらの曲もヒットした。A面の「青いカナリヤ」は1952年のダイナ・ショアのヒット曲。B面の「オー・マイ・パパ」はスイスでミュージカルの主題歌として作られた。デビュー曲「想い出のワルツ」がそうであるように、雪村いづみはカバー・ポップスのヒット曲が多い。

1960年代になるとカバー・ポップスのレコードの発売は格段に多くなる。特に60年代に入ってすぐの数年間はその傾向が強く、同じ曲を複数の歌手がカバーする競作が多いのも特徴である。そしてそのなかからも多くのヒットが生まれた。

主なものをあげてみる。1960（昭和35）年には、「ビキニスタイルのお嬢さん」が発売された。オリジナルはブライアン・ハイランド。カバーはダニー飯田《いいだ》とパラダイス・キングと、田代みどりが歌っている。翌1961（昭和36）年には、「パイナップル・プリンセス」が発売された。オリジナルはアネット・ファニセロ。カバーは田代みどりが歌った。翌年に「ルイジアナ・ママ」が発売される。オリジナルはジーン・ピットニー。カバーの歌手は飯田久彦《ひさひこ》だった。同年には、「可愛いいベイビー」が発売された。オリジナルはコニー・フランシス。カバーの歌手は中尾ミエ、森山加代子、沢リリ子、後藤久美子の4名で競作となったが、中尾ミエがもっともヒットした。同年に「ヴァケイション」も発売された。オリジナルはコニー・フランシス。カバーの歌手は弘田三枝子、青山ミチ、伊東ゆかり、金井克子《かつこ》の4名の競作だった。この場合は程度の差はあったが、どれもヒットした。

この時期に多くのカバー・ポップスが発売されたことにはいくつかの理由が考えられる。まず基本的にはアメリカのポピュラー・ソングが次々に日本に入ってくるようになり、日本の音楽ファンがそれを受け入れはじめていた。そのため洋楽として日本で間髪を入れずに発売され、ヒットするようになった。それらの曲を日本人の歌手に歌わせてレコード化するのは自然の流れだった。特にカバー・ポップスは日本人の作曲家による作曲という工程が不要であるので、日本のレコード会社にとっては都合がよかった。当時レコード会社と作曲家のあいだにあった専属契約の問題の煩《わずら》わしさからも逃れることができた。またカバー・ポップスのレパートリーを用意するためには、実力のある訳詞家の存在が欠かせなかったが、そこに漣《さざなみ》健児《けんじ》や岩谷《いわたに》時子《ときこ》らの才能ある訳詞家が現れた。これもカバー・ポップスの盛況を後押ししたといえる。

さらにこの流れを助長したもうひとつの要因としてテレビがあった。1959（昭和34）年には民間テレビ放送のフジテレビが開局したが、開局とほぼ同時に「ザ・ヒットパレード」という番組が始まった。それはその時点で流行しているアメリカのポップスを、いち早く日本の歌手が日本語で歌い、踊るというものだったが、まさにカバー・ポップスの宣伝のために作られたような番組だった。当時のテレビ番組としては唯一の洋楽のポピュラー・ソングが聴ける番組で、多くの音楽ファンにアピールした。

「ザ・ヒットパレード」の司会は、当時デビューしたばかりのザ・ピーナッツ。

写真提供：ジャパンアーカイブズ

しかしこのようなカバー・ポップスの人気は1960年代半ばになると弱まっていく。それはその時期にはいよいよ本格的な和製ポップスと呼ばれる音楽の時代が訪れたからである。そこでは歌詞だけではなくメロディも欧米の香りの強い曲が、日本人の作曲家によって作られるようになった。

4 才能ある作曲家・作詞家たちの登場と和製ポップスの広がり

すでに述べたように、戦後の日本の流行歌の歴史をみていくうえで、常に頭に入れておかなければならないことは、日本の流行歌にはアメリカやヨーロッパの主要国のポピュラー音楽が、戦前にも増して入り込んできたことである。戦後になってからは、単に曲数の増加だけではなく音楽の種類も多くなっていった。〝カバー・ポップス〟はその前哨戦ともいえるものだった。

そのようなことが起こり始めてから、特に欧米の音楽の影響が強く感じられる流行歌は〝和製ポップス〟と呼ばれるようになった。〝和製〟とはもちろん〝日本製の〟という意味であり、〝ポップス〟とは〝アメリカやヨーロッパのポピュラー・ソング〟ということになる。つまり和製ポップスとは、〝日本で作られた外国曲風の歌〟ということになる。

和製ポップスの時代の到来といわれた頃の状況を振り返ってみよう。

１９６１（昭和36）年、日本テレビに音楽バラエティ「シャボン玉ホリデー」という番組が誕生した。前出のフジテレビの「ザ・ヒットパレード」誕生の2年後のことだった。音楽の内容は「ザ・ヒットパレード」が、アメリカンポップスのカバー・バージョン、すなわちカバー・ポップスが中心であったのに対して、「シャボン玉ホリデー」は出演する歌手たちが、和製ポップスである自分の持ち歌を歌うことが中心で、ザ・ピーナッツをはじめ、藤木孝《たかし》、伊東ゆかり、中尾ミエ、園《その》まり、といった渡辺プロダクションのスター歌手や新人歌手たちが、毎週、日本製の自分の持ち歌である新曲を歌う番組であり、和製ポップスのオンパレードという番組だった。

なかでもザ・ピーナッツが１９６２（昭和37）年に歌った「ふりむかないで」や、翌年春の「恋のバカンス」、１９６４（昭和39）年秋の「ウナ・セラ・ディ東京」などは、初期の〝和製ポップス〟のヒット曲となった。日本製ながら洋楽テイストが溢れるこれらのポピュラー・ソングは、外国曲なのか日本の曲なのか、判断がつかないような曲調を持ち、当時マスコミからは〝無国籍歌謡〟というように揶揄《やゆ》された。これらの新しい日本のポピュラー音楽を作っていたのは、従来のレコード会社の専属作家たちではない。レコード会社の外に続々と現れつつあった新たな作家たちであった。

「シャボン玉ホリデー」と同年１９６１（昭和36）年に始まった、ＮＨＫの「夢であいましょう」という音楽バラエティ番組からも、和製ポップスのヒット曲がたくさん生まれた。この番組では毎月「今月の歌」のコーナーを作り、新感覚のオリジナルのポピュラー・ソングを発表した。そこからは坂本九「上を向いて歩こう」、梓《あずさ》みちよ「こんにちは赤ちゃん」、ジェリー藤尾《ふじお》「遠くへ行きたい」などのヒット曲が生まれた。

「シャボン玉ホリデー」にはもうひとつ注目すべきことがあった。それはこの番組が音楽とコントが組み合わされた音楽バラエティという、新しい形のテレビ番組のスタートとなったことである。ここでバラエティの部分を担って人気を得たのが、ハナ肇《はじめ》とクレージーキャッツというコミックバンドだった。ここからは植木等《うえきひとし》というコメディアン兼歌手が生まれ、彼が歌った「スーダラ節」「ハイそれまでョ」などの一連のコミックソングは、映画とも連動して大きなヒットとなった。

これらテレビから生まれたともいえるヒット曲は、もちろんレコード会社からレコードとしても発売されて、ヒットチャートの上位にランクされたものも多かった。しかしレコード会社も自らの手による新しい和製ポップスのヒット曲作りに力を入れていた。

特にその方向に力を入れた会社のひとつが、ビクター・レコードのフィリップス部門だった。アーティストは、マイク眞木《まき》、森山良子《りょうこ》、長谷川きよし等のカレッジフォーク陣をはじめ、ザ・スパイダース、ザ・テンプターズ、ザ・カーナビーツなどを擁していたが、スタート早々にマイク眞木のデビュー曲「バラが咲いた」がビッグヒットとなった。この曲の作詞・作曲の浜口庫之助《はまぐちくらのすけ》はこの後も数多くのヒット曲を作り出し、日本の流行歌の新しい流れに大きく貢献した作家となった。

〝和製ポップス〟全盛の時代が訪れたのは、この時期に浜口庫之助に続く多くの新しい感覚を持った作曲家、作詞家が出現したことも大きかった。「シャボン玉ホリデー」では、作曲家の宮川《みやがわ》泰《ひろし》、萩原哲晶、作詞家の青島幸男《ゆきお》らが活躍し、「夢であいましょう」では作曲家・中村八大《はちだい》、作詞家・永六輔《えいろくすけ》のコンビが力を発揮した。さらには筒美京平《つつみきょうへい》、いずみたく、小林亜星《あせい》、宇崎竜童《りゅうどう》、平尾昌晃《まさあき》等の新進作家たちも、次々に新感覚の作品を発表した。彼らはこれまでの作家たちのように特定のレコード会社の専属ではなく、どこの会社とでも仕事をするフリーな立場にいた。〝和製ポップス〟の時代はフリーの作家の時代の始まりでもあり、それは流行歌のあり方を変えていくことになった。

5　グループ・サウンズの登場

1959（昭和34）年から日本レコード大賞という流行歌のコンペティション兼お祭りが始まった。第1回の受賞という栄誉を得たのは水原弘が歌う「黒い花びら」（作詞・永六輔、作曲・中村八大）だった。そして1967（昭和42）年の第9回の大賞に輝いたのは、ジャッキー吉川《よしかわ》とブルー・コメッツの「ブルー・シャトウ」である。この時期は数年前から歌とエレキ・ギターとエレキ・ベースの電気楽器を中心にした数人の編成によるグループが続々と誕生していた。

そのようなバンドが生まれるようになったのは、1962（昭和37）年に来日したアメリカのザ・ベンチャーズの公演や、1964（昭和39）年に発売が始まったイギリスのザ・ビートルズのレコード、そして1966（昭和41）年の伝説的な出来事となったザ・ビートルズ来日公演が、日本の若者を魅了したことがきっかけだった。それらのバンドは日本ではグループ・サウンズと呼ばれるようになった。

最初に注目されたのは田辺昭知《しょうち》とザ・スパイダースというバンドだった。この種の日本人バンドではもっとも早く1965（昭和40）年にデビューしており、同年5月に発売されたデビュー曲「フリフリ」は、新しいタイプのアーティストの新しい曲として注目された。ジャッキー吉川とブルー・コメッツはザ・ビートルズ来日直前の1966（昭和41）年3月に「青い瞳」でデビューしたが、翌年「ブルー・シャトウ」が大ヒットし、この曲でレコード

1966（昭和 41）年、ザ・ビートルズの日本公演。　写真提供：ジャパンアーカイブズ

大賞を受賞して、先行したザ・スパイダースと人気でも肩を並べることになった。

１９６６（昭和41）年のザ・ビートルズの日本公演以降は、このようなスタイルのバンドのデビューが急増した。この頃に芸能雑誌『週刊明星《みょうじょう》』が若者からの人気が高まったこれらのバンドを繰り返し写真や記事で紹介した。その際に彼らの音楽やバンドを「グループ・サウンズ」と呼んだことが契機となって、この呼称が定着するようになった。

１９６５（昭和40）年からの数年間は、グループ・サウンズのブーム到来といわれたほど多くのバンドが生まれ、ヒットが集中して、日本の流行歌シーンに活気をもたらした。主なバンドとその代表的なヒット曲をあげてみるだけでも、ザ・スパイダースの「夕陽が泣いている」「あの時君は若かった」、ザ・タイガースの「モナリザの微笑《ほほえみ》」「花の首飾り」、ザ・テンプターズの「エメラルドの伝説」「神様お願い！」、ザ・カーナビーツの「好きさ好きさ好きさ」、そしてブルー・コメッツの「ブルー・シャトウ」「青い瞳」、ヴィレッジ・シンガーズの「亜麻色《あまいろ》の髪の乙女」と並ぶが、これだけでは当時のグループ・サウンズのヒット曲のごく一部にすぎないという感が強いほどのヒット曲ラッシュとなった。

この時代のグループ・サウンズは同じバンドによる音楽ではあっても、70年代のフォークやロックやニューミュージックのバンドとは性格が異なる。それはグループ・サウンズが自作の曲を演奏するのではなく、プロの作詞家・作曲家に曲作りを頼っていたという点である。グループ・サウンズの曲の多くを作ったのは、60年代に和製ポップスの分野で頭角を現したフリーの作家たちだった。グループ・サウンズの曲にはフォークの匂いが感じられる曲も少なくないが、歌謡調の流行歌と呼ぶほうが適切な曲が多いのはそのためである。グループ・サウンズは日本のフォークの歴史のなかで捉えられるものではなく、和製ポップスのひとつの形として捉えるものといえるだろう。もちろんザ・スパイダースのかまやつひろしや、ブルー・コメッツの井上忠夫のような自分のバンドのために曲を書くプレーヤーもいたのだが。

グループ・サウンズの最盛期の1967(昭和42)年には、美空ひばりが「真赤な太陽」(作詞・吉岡治　作曲・原信夫)でグループ・サウンズに挑戦した。デビュー以来、ブギウギ、マンボ、ドドンパなど新しいリズムやサウンドに取り組んできた彼女としては、当然の成り行きともいえた。しかしこの時期の美空ひばりは、1965(昭和40)年には「柔《やわら》」で念願のレコード大賞を獲得し、翌1966(昭和41)年には「悲しい酒」をリバイバル・ヒットさせて、〝演歌の女王〟の地位を確実なものにした直後だけに、たとえその年のレコード大賞受賞のブルー・コメッツをバックに歌ったにしても、彼女が赤いミニスカート姿でグループ・サウンズを歌ったことについては、一部のひばりファンからは疑問の声があがったことも事実である。仕掛け人は作曲の原信夫だったというが、ひばり自身も、影響力の強かった母の加藤喜美枝もこの曲には乗り気だったという。結果は140万枚のミリオン・セラーとなり、ひばりのシングル盤のなかでも生涯売上第4位の大ヒットとなった。

6 演歌の広がり

（Ⅰ）美空ひばり・北島三郎で開花したコロムビア、クラウンの演歌

〝和製ポップス〟を、戦後新しく生まれて日本の流行歌の発展に寄与した音楽とすれば、戦前からあった流行歌の本流ともいえる日本調流行歌も、戦争が終わってまもなく息を吹き返しはじめた。そしてこの時期には日本調流行歌のなかでは、〝演歌〟と呼ばれる音楽が広がりをみせるようになる。明治時代に生まれた古い日本音階を持つ演歌師の演歌ではなく、大正時代に中山晋平が始めた、当時としては新しい音階や曲調を持つ流行歌であり、それが演歌と呼ばれるようになったのである。そのような歌が多く作られるようになり、ヒット曲も多くなったため、戦後の日本調流行歌の多くが、作られた当初は演歌とはいわれなかった曲でも、〝演歌〟に区分されるようにもなった。1950～70年代にかけて、演歌は最盛期ともいえる時期を迎える。

1950年代に入ると、演歌にはふたつの大きな流れが生まれる。ひとつは美空ひばり、北島三郎を中心とする、日本コロムビアと日本クラウンというレコード会社に集結した演歌歌手たちの流れ。もうひとつは三橋美智也、春日《かすが》八郎を中心とするキングレコードの演歌歌手たちが作り上げた流れである。

まず、〝演歌の女王〟と呼ばれるようにもなった美空ひばりの足跡をたどってみる。彼女は

１９４９（昭和24）年、12歳の天才少女歌手出現という呼び声とともに、レコード歌手としてコロムビア・レコードからデビューする。ほぼ同時に映画やステージでの活動も始めた。レコード歌手としての美空ひばりは、最初から演歌歌手だったわけではない。どんなジャンルでも歌いこなしてしまう万能の少女歌手だった。

「東京キッド」を歌う美空ひばり。天才少女とよばれた。
写真提供：ジャパンアーカイブズ

デビュー曲「河童《かっぱ》ブギウギ」では笠置シヅ子ばりのブギウギを歌い、その後は「ひばりの花売娘」「東京キッド」「悲しき口笛」「リンゴ追分」「お祭りマンボ」「ひばりのマドロスさん」「港町十三番地」など、リズムもの、映画主題歌、民謡調、浪曲調、ジャズ調、マドロスもの、というようにあらゆるジャンルの歌に取り組み、そのほとんどがヒット曲として多くの人々の心を捉える歌手となった。１９６０年代に入ってもその幅の広さは変わらなかったが、演歌を歌って高い評価をうけることが多くなった。

きっかけは１９６５（昭和40）年に「柔」で第7回レコード大賞を受賞したことだ（レコード発売は前年11月）。「柔」は日本テレビ（ＮＴＶ）のテレビドラマの主題歌として、日本の流行歌の作曲家の重鎮の古賀政男が作曲した曲。まさに演歌であり、ひばりが〝演歌の女王〟と呼ばれるに相応しい評価とイメージを生んだといえる。彼女は約40年の歌手生活で３００種近くもの多くのシングル盤を発売し、ヒット曲も多かったが、そのなかでも「柔」と、翌年（１９６６年）の「悲しい酒」、それに１９８９（平成元）年に発表した遺作ともいえる「川の流れのように」は、誰もが知る演歌の名唱であり彼女の代表作といえる。

このような〝演歌の女王〟美空ひばりの存在は、彼女が所属するコロムビア・レコードが、〝演歌のコロムビア〟といわれる所以ともなった。

女性歌手として美空ひばりとともにコロムビアを支えた演歌歌手に島倉千代子がいた。彼女は１９５５（昭和30）年に「この世の花」でデビュー。57年には「東京だョおっ母さん」、58年には「からたち日記」、そして68年には「愛のさざなみ」というように多くのヒットを放ち、その20年後の１９８７（昭和62）年には、久々のヒット曲「人生いろいろ」でミリオン・セラーを達成した。彼女の歌は内容としては演歌が多いが、歌い方には演歌独特のこぶしや唸《うな》りはなく、軽やかで柔らかい声質が特徴だ。特に浜口庫之助作曲の「愛のさざなみ」と「人生いろいろ」では、和製ポップスのテイストも感じられる曲に挑戦して成功した。

女性演歌歌手として都はるみもいた。彼女は１９６４（昭和39）年に「アンコ椿は恋の花」でレコード大賞新人賞を受賞し、その後「涙の連絡船」「好きになった人」の大ヒットがあり、さらに「北の宿から」「大阪しぐれ」とヒットを続けて、国民的演歌歌手ともいわれる存在になった。しかし１９８４（昭和59）年、人気絶頂の36歳で、「普通のおばさんになりたい」と、突然の歌手引退を宣言してファンを驚かせ、その後音楽プロデューサーに挑んだり、１９８９（平成元）年に美空ひばりが逝去すると再び歌手復帰したりするなど、めまぐるしい芸能生活を送っている。

いっぽう男性の演歌歌手としては、大ヒット曲「王将」を歌った村田英雄の存在が大きい。彼は浪曲師から歌手へ転向したが、その経歴と浪曲で鍛えた声を生かして、１９５８（昭和33）年に「無法松《むほうまつ》の一生」でデビューし、１９６１（昭和36）年に将棋の阪田三吉《さかたさんきち》を題材にした「王将」でミリオン・セラーを記録した。その後も浪曲の題材をテーマに歌い続けた。

もうひとりコロムビアを代表する演歌歌手になるはずだった男性歌手がいる。それは北島三郎である。彼の事実上のデビュー曲とされる「なみだ船」は、北洋の漁業に働く漁師たちの心情を歌った労働歌で、１９６２（昭和37）年にコロムビアから発売されたが、大ヒットして日本レコード大賞の新人賞まで受賞した。しかしこの翌年の１９６３（昭和38）年、コロムビアの制作部門を統括する伊藤正憲が独立して日本クラウンという新しいレコード会社を設立することになり、北島三郎は新会社に移籍してコロムビアを離れた。

クラウンレコードの専属歌手となった北島は、２年後の１９６５（昭和40）年には「兄弟仁義」

「帰ろかな」「函館の女」と1年間に3曲ものヒットを出し続け、新興レコード会社の看板アーティストとなり、日本の男性演歌歌手の第一人者となった。原譲二《はらじょうじ》のペンネームで作詞・作曲もおこない、北島音楽事務所を設立して後輩の育成にも力を入れた。

クラウンレコードの誕生とほぼ同時にデビューし、当初からヒットを出して新会社の船出に貢献した女性の演歌歌手もいた。水前寺清子《すいぜんじきよこ》である。1964（昭和39）年に「涙を抱いた渡り鳥」でデビュー。そのヒットにより翌年の暮れには早くもNHK紅白歌合戦に出場。1968（昭和43）年には「三百六十五歩のマーチ」が100万枚のヒットとなるなど、順調に演歌歌手への道を歩んでいった。

このように北島三郎と水前寺清子の2人の歌手によって、クラウンレコードは演歌に強いイメージのレコード会社として順調に発展していった。

7　演歌の広がり（Ⅱ）キングレコードが放った演歌の連続ホームラン

1950年代は、日本が戦後の混乱からの復興へアクセルを大きく踏み込む時代であった。朝鮮戦争の勃発、駐留軍の撤退、講和条約の調印、日米安全保障条約の締結と政治・社会が変化していくなかで、人々の生活も変化したが、いろいろな分野の変革が同時に進行することになり、社会は複雑化していった。それに伴って流行歌のあり方も多様化が進むことになった。たとえば１９５０年の朝鮮戦争がもたらした好景気を受けて、酒席や飲食の場では「トンコ節」「ヤットン節」「炭鉱節」などの明るい民謡調の流行歌が歌われた。お座敷ソングと呼ばれる芸者出身の歌手による明るい歌も広まった。歌舞伎の人物をテーマとする歌舞伎ソングも増えた。またこの時代には地方から都会へ出たいと思う人、あるいは実際に都会に出て働く人がどんどん増えていったが、それを反映して、都会での生活を誘う都会（特に東京）賛美ソングが多くなり、故郷や残してきた家族・恋人を思う望郷ソングも多くなった。

そのような状況のなかで、昭和も30年代にさしかかった１９５０年代の中期に、戦後の流行歌の歴史のなかでも特大のホームラン級のヒット曲が、３年連続で飛び出した。それらはいずれもキングレコードから発売された演歌だった。

最初のホームランは１９５４（昭和29）年発売の「お富《とみ》さん」（歌・春日八郎、作詞・山崎正、作曲・渡久地政信《とくちまさのぶ》）である。いわゆる歌舞伎ソングの系列に入る曲で、歌舞伎の通称「切られ与三《よさぶ》郎《ろう》」のセリフを歌詞に取り入れている。当時は子どもまでもが意味もわからずに大人の世界の歌詞を歌い、社会問題になるほどだった。当時、筆者も小学校の上級生だったが、この歌を口ずさんだ記憶があり、今でも歌詞を覚えている。曲もテンポの速いブギウギ調の軽快なリズムで、メロディも単純で覚えやすかった。

2本目のホームランは翌1955（昭和30）年の、「別れの一本杉」（歌・春日八郎、作詞・高野公男《きみお》、作曲・船村徹《ふなむらとおる》）である。この歌はいわゆる望郷もの演歌で、都会に出た若者が故郷と別れた恋人を思う歌だった。この歌は作曲家・船村徹の初めてのヒット曲であり出世作となった。

その翌年、船村は学友だった作詞家・高野公男とともに、キングレコードからコロムビアに移籍した。そこで早速「柿の木坂の家」と「早く帰ってコ」（歌・青木光一《こういち》）がヒット。1961（昭和36）年には、前出のように「王将」（歌・村田英雄）でミリオン・セラー・ヒットを飛ばした。また美空ひばりには「みだれ髪」「哀愁波止場」を作曲し、演歌の女王にも名曲を提供した。さらに1983（昭和58）年には「矢切《やぎり》の渡し」（歌・細川たかし）が、第25回のレコード大賞を獲得するという快挙もあり、船村徹の名声はますます高まった。

大衆的レジャー施設で行われた「演歌の競演」のチラシ（1974年）。春日八郎、村田英雄、水前寺清子、五木ひろし、北島三郎、都はるみなど、当時の人気演歌歌手が勢揃い。

写真提供：ジャパンアーカイブズ

キングレコードが放ったこの時代の3本目のホームランは、「別れの一本杉」の同年の1955（昭和30）年に発売された「おんな船頭唄」（歌・三橋美智也、作詞・藤間哲郎《ふじまてつろう》、作曲・山口俊郎《としろう》）である。三橋美智也は三味線を弾く民謡の講師としてキングレコードを訪れていたが、張りと艶《つや》がある美声と絶妙のコブシを認められて、民謡系の演歌歌手として1954（昭和29）年にデビュー。翌年に「おんな船頭唄」がヒットし、「あの娘が泣いてる波止場」「リンゴ村から」「哀愁列車」「夕焼けとんび」「古城《こじょう》」などの演歌が連続ヒット。「北海盆唄」「花笠音頭」「ソーラン節」「炭坑節」などの民謡もヒットして、昭和30年代前半はミッチー（三橋の愛称）の時代といわれるほどの人気歌手となり、キングレコードの業績だけではなく、演歌の市場全体をリードした。

8 ムード歌謡〝都会の演歌〟の誕生

（Ⅰ）フランク永井、石原裕次郎の世界

日本経済が高度経済成長期を迎えた1950年代は、国民が働き蜂のように働いた反面、生活に少しずつゆとりも生まれた時期ともいえる。都会で生活する人々にも音楽を聴こうという余裕が生まれるようになった。このような状況を反映して、流行歌にはムード歌謡と呼ばれる音楽が生まれた。それは仕事を終えた夜の時間に自室でひとり静かに聴くような、あるいは遊興の場で異性と何

気ない会話を交わすときに聴こえてくるような歌であり音楽である。ムード歌謡は音楽としては、日本調流行歌の演歌でもなく、アメリカ音楽の影響の強い和製ポップスでもない。その両者が結合して、さらにブルースやタンゴやラテンやハワイアンなど、戦前から日本の流行歌に入ってきていた海外のポピュラー音楽の要素を混ぜたような、〝都会の演歌〟ともいうべき音楽である。

この分野に力を入れていたのはビクターである。演歌ではコロムビアやキングに遅れをとっていたビクターは、地方色の強い演歌よりも、都会の匂いの強いムード歌謡で本領を発揮した。最初に注目されたのは和田弘とマヒナスターズだった。ハワイアン・バンドとして誕生したこのグループは、ハワイアンの特徴であるスチールギターとファルセットヴォイス（裏声）、さらに歌のうまいメンバーたちの絶妙なバックコーラスが売りものだった。

このグループの人気が頂点に達したのは、１９６０（昭和35）年に「誰よりも君を愛す」がレコード大賞を受賞したときである。彼らを成功に導いたのは、なんといってもこの曲をはじめ、都会のロマンを歌ったムード歌謡のヒット曲を続々と世に送り出した作曲家・吉田正だった。彼は捕虜としてすごしたシベリアから復員してビクターの専属となり、吉田メロディともいわれる都会風のムード歌謡を作り続けて、同社にとってなくてはならない存在となった。

当時、吉田正のもとにはビクター専属の歌手として、和田弘とマヒナスターズをはじめ、ムード歌謡の歌唱にうってつけの歌手たちが集まった。進駐軍の基地のクラブでジャズを歌っていた松尾和子やフランク永井もいた。最初にヒットしたのは1955（昭和30）年発売の鶴田浩二《つるたこうじ》の「赤と黒のブルース」と、三浦洸一《こういち》の「東京の人」だったが、両方ともブルースよりはやや早めのテンポの、スローなタンゴだった。

1955（昭和30）年には、後にムード歌謡の王様ともいわれるようになる〝低音の魅力〟が売りもののフランク永井がデビューした。フランク永井はジャズを歌ってきた歌手だったが、吉田正の勧めで歌謡曲に転向した。1957（昭和32）年になると、有楽町そごう開店のキャンペーン・ソングだった「有楽町で逢いましょう」がビッグヒットとなり、たちまち人気歌手となる。この前後に発売された「夜霧の第二国道」「東京午前三時」「西銀座駅前」「霧子《きりこ》のタンゴ」は、いずれも作曲・吉田正、歌・フランク永井のコンビによる曲で大ヒットになった。これらはどれも東京の情景や人情をロマンティックに歌った曲で、まさに〝都会の演歌〟であった。

1966（昭和41）年にビクターから同時にデビューした森進一と青江三奈《みな》は、ふたりとも演歌歌手とみなされることもあるが、彼らの歌の本質はムード歌謡ではないかと思われる。森進一のデビュー曲「女のためいき」はタイトルには〝ブルース〟とは入っていないが、曲調はブルースであり、その後も「港町ブルース」「盛り場ブルース」など彼のレパートリーはブルースが続く。青江三奈も「恍惚のブルース」でデビューし「伊勢佐木町《いせざきちょう》ブルース」などブルースを得意とした。これらのブルースは多少変形はしているが、戦前に服部良一が日本の流行歌に導入したのと同質のものであり、演歌というよりはムード歌謡である。森進一はルイ・アームストロングに傾倒して独特の掠《かす》れた声を作り上げたというし、青江三奈はレコードのレビュー前はシャンソンを歌っていたということからも、ジャズを歌っていた経験をムード歌謡に生かしたフランク永井や松尾和子とも共通点がある。

ムード歌謡の歌手としてもうひとり忘れてはならないのは、人気俳優でありながら歌手としても多くのヒット曲を出した石原裕次郎である。俳優としては刑事ものやアクションものへの出演という〝動〟の活躍のいっぽうで、歌手としてはムード歌謡という〝静〟の分野に取り組んだ。彼は「銀座の恋の物語」（牧村旬子《じゅんこ》とデュエット）、「夜霧よ今夜も有難《ありがと》う」「ささやきのタンゴ」「港町涙町　別れ町」「錆《さ》びたナイフ」「俺は待ってるぜ」など、吉田メロディとは一味違う都会風のムード歌謡を多く歌って、ヒット曲を連発した。彼が歌手として所属したテイチクレコードの専属作曲

1969年版のビクター・カレンダーには、当時の人気専属歌手である橋幸夫、青江三奈、森進一などが起用されている。
写真提供：ジャパンアーカイブズ

家の鏑木創《かぶらぎはじめ》や上原賢六《けんろく》らが、裕次郎の甘いマスクとエコーを効かせた録音で特徴を出した声を生かした曲を作り出した。戦前テイチクではディック・ミネが、洋楽のポピュラー・ソングの「ダイナ」「リンゴの木の下で」「黒い瞳」をヒットさせた。テイチクにはそのような洋風歌謡を得意とする流れがあった。

9 ムード歌謡〝都会の演歌〟の誕生（Ⅱ）男性コーラス・グループが競う

この時期のムード歌謡の流行をさらに加速させたのは、1960年代の中盤からのあいつぐムード・コーラス・グループのデビューと、そこからのヒット曲の誕生だった。いくつかのグループとヒット曲をあげてみる。

最初に実力・人気とも抜きん出たのは、1965（昭和40）年テイチクからデビューした鶴岡雅義《つるおかまさよし》と東京ロマンチカだった。1967（昭和42）年メインボーカルの三條正人《さんじょうまさと》が加入して「小樽のひとよ」が大ヒット。2年後「君は心の妻だから」もビッグヒットとなった。この年からNHK紅白歌合戦に6年連続出場するなど、テレビの歌謡番組の常連となった。

また1961（昭和36）年にクラウンレコードからデビューした黒沢明とロス・プリモスは、デビュー盤のB面だった「ラブユー東京」が１９６６（昭和41）年になって脚光を浴び、68年1月にはオリコン創刊号のランキングで記念すべき第1位になった。続いて同じ１９６８（昭和43）年には、ポリドールのロス・インディオスが「コモエスタ赤坂」と「知りすぎたのね」の連続ヒットで注目を浴びた。さらに１９７０年代になって、テイチクの敏《とし》いとうとハッピー＆ブルーが「わたし祈ってます」の大ヒットを記録した。

　これらのコーラス・グループには共通する特徴がいくつかある。そのひとつは男声コーラス・グループでありながら、内容は女性が女性の気持ちを歌う曲が多く、それを男性のリードボーカルが、女性言葉で歌うことが多いという点である。それが魅力となり各グループの男性のリードボーカリストが、女性ファンの人気を得るという構図が生まれた。またそこに実際に女性歌手のゲストを呼んで、男性のリードボーカリストとの掛け合いで歌うという曲も多くなった。

　これらのコーラス・グループのもうひとつの特徴は、歌う曲にえがかれる場所の設定に共通点があることだ。それは〝繁華街〟〝盛り場〟が多く選ばれているということだ。東京ならば銀座、赤坂、新宿、渋谷など、大阪ならば心斎橋、中之島《なかのしま》、御堂筋《みどうすじ》などがしばしば登場した。地方の場合はそのような繁華街を持つ都市の名前そのものが使われて、長崎、博多、神戸、京都、岐阜、横浜、函館、札幌などが舞台になることが多かった。たとえば１９６９（昭和44）年にビクターからデビューした内山田洋《うちやまだひろし》とクール・ファイブ（リードボーカル・前川清）は、デビュー曲「長崎は今日も雨だった」をはじめ「そして、神戸」「東京砂漠」「中の島ブルース」と、この種のテーマの歌のヒットを連発した。これらの地方都市や場所を冠した歌は、民謡や演歌にも多いご当地ソングといわれる。

6

昭和後期　テレビ時代が生んだ流行歌の新しい展開（1970〜90年代）

〜それはアイドル・ポップスで始まった

1959（昭和34）年、民間テレビ放送のフジテレビが開局し、ほぼ同時に「ザ・ヒットパレード」という、その後の歌番組の元祖ともいえる番組が始まったことは、前章で記した。その後、歌番組はテレビの番組のなかでも、ニュース、ドラマ、スポーツ、バラエティなどと並んで重要な位置を占めるようになり、毎週のヒット曲を紹介するヒット速報番組、音楽バラエティ、音楽祭やコンサートの中継番組など、内容も多様化してその数も増えていく。特に1960年代後半から70年代にかけては、ピークに達した。その多くはアーティストの生出演による、テレビ局のスタジオからの中継番組であったことも、この時期の音楽番組の特徴である。

この時代には流行歌のあり方にもいろいろな変化が生まれた。それはアイドル・ポップスという大きな流れが生まれたことから始まった。

1 テレビ局とアーティスト事務所が主導したアイドル・ポップス

これまでのレコード歌手は、特に戦前までは、プロの歌手を養成する音楽の専門学校や、作曲家が主催する私塾に通って歌を勉強し、経験を積んでからデビューする大人の歌手が中心だった。ところが昭和後期にはプロ歌手になるための訓練を受けていない中学生、高校生の年代の若い歌手がデビューするようになる。特にテレビの時代になると、歌手には容姿の美しさや可愛らしさが従来以上に求められるようになり、低年齢の少年歌手・少女歌手がデビューするようになった。60年代の和製ポップスの時代からそのような傾向は生まれていたが、70年代になるとその傾向は一段と加速し、従来の流行歌にはみられなかった、アイドル・ポップスというジャンルの音楽が生まれた。

演歌のように人生の苦悩を歌うようなシリアスな大人の歌は少なくなり、若者にも喜ばれる軽快で明るい内容の歌が多くなった。若いアイドル歌手がテレビの画面から歌いかける元気のある歌は、高度経済成長の真っただ中にあった日本の社会にマッチして、70年代から80年代にかけて多くのヒット曲が生まれ、多くのスターが誕生した。70年代では、女性では「花の中3トリオ」の山口百恵、森昌子、桜田淳子の3人組。さらにピンク・レディー、キャンディーズなど。男性では「新御三家」といわれた郷ひろみ、西城秀樹、野口五郎などである。80年代になると、女性では松田聖

1977（昭和52）年の雑誌「明星」新年特別号。野口五郎、郷ひろみ、西城秀樹、桜田淳子、山口百恵、岩崎ひろみの人気アイドルが表紙をかざる。　写真提供：ジャパンアーカイブズ

子、中森明菜、小泉今日子、工藤静香、中山美穂、南野陽子、浅香唯《あさかゆい》など、男性では「たのきんトリオ」の近藤真彦、田原俊彦、野村義男などが人気を得た。

アイドル・ポップスは、日本の流行歌の長い歴史のなかでも大きな流れとなったが、日本の音楽ビジネスの仕組みに変化を生んだことも注目される。それはどういうことか。

歌のうまさももちろん重要だが、ルックスのよさも大きなポイントとなるアイドル・ポップスでは、従来のレコード会社が得意としていた歌のうまい歌手を発掘する手法とは異なる手法が必要となった。それはタレント発掘というアーティスト・プロダクションが得意とするノウハウである。レコード会社よりも早く有望タレントを発掘し、彼女たちに歌わせて原盤を制作するという、60年代に渡辺プロダクションが始めた手法を、70年代になるとホリプロダクション、サンミュージック、田辺エージェンシーなどの後続のプロダクションが、アイドル・ポップスの分野でさらに推し進めるようになった。

このような状況を象徴するテレビ番組が、1971（昭和46）年に始まった。日本テレビの「スター誕生！」である。この番組は、日本テレビが渡辺プロダクションに代わって頭角を現していた前記の3社を巻き込んで始めた、アイドル系のタレント兼歌手の発掘番組である。それは出演する歌手志願の応募者を、複数のプロダクションと複数のレコード会社が、テレビ画面のなかで公開審査し、合格した歌手の契約交渉権を争うというものだった。これは今まで舞台裏でおこなわれていたことを舞台上にあげてショー化したものともいえる。番組のなかで、審査員席にアーティスト・プロダクションのマネジャーたちと並んだ、各レコード会社のディレクターたちが、自社の歌手として契約したい歌手に対して、自社の社名が書かれた札をあげるというシーンは、これまでとは違うレコード会社の受動的な立場を象徴していた。そこでレコード会社が競っていたのは、実質的にはプロダクションが録音した音源をレコードとして発売する原盤使用権という権利だった。

さらに注目すべきことに、審査員席には阿久悠《あくゆう》、都倉俊一《とくらしゅんいち》、中村泰士《たいじ》、三木たかし、森田公一など、この時期に頭角を現した新進の作詞家・作曲家たちが座っていた。この番組ではデビュー前の桜田淳子、森昌子、山口百恵、ピンク・レディーが出演して合格しているが、デビュー後に彼女たちが歌った楽曲は、それらの審査員席にいた作家たちが分担して担当した。そしてそれらの新曲の著作権の多くは、日本テレビ系の音楽出版社が獲得した。このような仕組みが生まれ、デビューする新人歌手の新曲のレコーディングは、アーティスト・プロダクションでおこなわれた。それまで歌手のレコーディングを仕切っていたレコード会社は除外されることになった。これは音楽産業内の力学の大きな変化だった。

このような時代が進むにつれて、新しいタイプのアイドルも生まれるようになった。１９８５（昭和60）年にはフジテレビのバラエティ番組「夕やけニャンニャン」の番組内でアシスタント役もつとめる、「おニャン子クラブ」という女の子のアイドル・グループが作られた。デビュー曲

「セーラー服を脱がさないで」がヒットしたこのグループは、メンバーを固定せず追加メンバーを随時募集して加入させる方式であり、さらには人気のあるメンバーはソロとして独立させるという、新しいタイプのアイドル・グループだった。この流れは90年代後半に生まれた「モーニング娘。」、2000年代に入って「AKB48」の誕生につながっていったといえる。

年号が平成に変わって1990年代になる頃からは、アイドル・ポップスの世界もさらに様変わりしていった。そのなかで大きな流れになったのは、ジャニーズ事務所が次々に送り出した男性アイドル・グループの活躍である。なかでも1991（平成3）年にCDデビューしたSMAPは人気、実力ともトップにランクされるようになり、国民的アイドルといわれるようにもなった。さらに後に続いたKinKi Kids、TOKIO、V6、そして嵐《あらし》も人気を得て活躍し、90年代から2000年代に入ってのしばらくは、ジャニーズ事務所の時代ともいわれるようになった。彼らはそれまでの80年代のアイドル・ポップスの歌手たちと違って、歌手としてだけではなく、バラエティやドラマへの出演や番組の司会までをこなすマルチ・タレントとして、テレビやステージに活躍し、21世紀に入っても人気を保ち続ける息の長い芸能人となった。

2 新世代フリー作家の登場と流行歌のさらなる隆盛

１９７０年代は、アイドル・ポップスが勢力を伸ばしていくいっぽうで、大人の歌手が歌う流行歌もますます充実していき、日本の流行歌の市場は従来にない隆盛の時代を迎えようとしていた。60年代に流行歌の中核を担っていた演歌と、演歌のなかでも都会型演歌ともいわれるムード歌謡は、70年代にも引き継がれた。しかし70年代の流行歌をリードしたのは、60年代のムード歌謡がさらに洗練された新しい都会の歌謡曲だった。

新しい音楽を作っていたのは、その頃、新進気鋭のクリエーターとして才能を発揮していた若い作詞家、作曲家たちである。作詞家では阿久悠、千家和也《せんけかずや》、なかにし礼、山上路夫《やまがみみちお》、有馬三恵子、安井かずみ等がいた。作曲家では、筒美京平、川口真《かわぐちまこと》、平尾昌晃、三木たかし、中村泰士、都倉俊一、浜口庫之助等が、精力的に作品を書きヒット曲を連発した。彼らがどのような作品を手掛けたのか、そしてどのような歌手がそれを歌ったのかについては、70年代の日本レコード大賞のグランプリと最優秀新人賞の受賞曲、その作曲家・作詞家のリスト（↓P127）を参照していただきたい。もちろんこれは彼らの仕事の代表的なものだけであり、ほかにも多くの優れた作品があること、またここでは名前をあげていない作家も多いことはいうまでもない。彼らはレコード会社や原盤制作会社、歌手からの注文に応じて、次々と多くの優れた作品を世に送り出していた。

流行歌にこのようなことが起こっていた1970年代、日本のレコード市場の急成長が始まった。日本のオーディオ・ソフトの売上は、1970（昭和45）年には657億円だったが、その10年後の1980（昭和55）年には約4・5倍の2928億円に増えた。その後も1998（平成10）年の6075億円というピークに向かって成長し続けた。この時期の日本のオーディオ（レコード＋CD）市場は、7割以上が流行歌によって占められており、市場の急成長の大部分は流行歌の発展によってもたらされたといえる。

1973（昭和48）年、第15回日本レコード大賞授賞式のようす。最優秀新人賞を受賞したのは桜田淳子（写真中央）。

写真提供：ジャパンアーカイブズ

日本レコード大賞受賞曲（1970 ～ 1981 年）

年号	曲名	歌手	作詞者	作曲者
1970	今日でお別れ	菅原洋一	なかにし礼	宇井あきら
1971	また逢う日まで	尾崎紀世彦	阿久悠	筒美京平
1972	喝采	ちあきなおみ	吉田旺	中村泰士
1973	夜空	五木ひろし	山口洋子	平尾昌晃
1974	襟裳岬	森進一	岡本おさみ	吉田拓郎
1975	シクラメンのかほり	布施明	小椋佳	小椋佳
1976	北の宿から	都はるみ	阿久悠	小林亜星
1977	勝手にしやがれ	沢田研二	阿久悠	大野克夫
1978	UFO	ピンク・レディー	阿久悠	都倉俊一
1979	魅せられて	ジュディ・オング	阿木燿子	筒美京平
1980	雨の慕情	八代亜紀	阿久悠	浜圭介
1981	ルビーの指環	寺尾聰	松本隆	寺尾聰

日本レコード大賞最優秀新人賞受賞曲（1969 ～ 1981 年）

年号	曲名	歌手	作詞者	作曲者
1969	夜と朝のあいだに	ピーター	なかにし礼	村井邦彦
1970	もう恋なのか	錦野旦	浜口庫之助	浜口庫之助
1971	わたしの城下町	小柳ルミ子	安井かずみ	平尾昌晃
1972	芽ばえ	麻丘めぐみ	千家和也	筒美京平
1973	わたしの青い鳥	桜田淳子	阿久悠	中村泰士
1974	逃避行	麻生よう子	千家和也	都倉俊一
1975	心のこり	細川たかし	なかにし礼	中村泰士
1976	想い出ぼろぼろ	内藤やす子	阿木燿子	宇崎竜童
1977	失恋レストラン	清水健太郎	つのだ☆ひろ	つのだ☆ひろ
1978	かもめが翔んだ日	渡辺真知子	伊藤アキラ	渡辺真知子
1979	私のハートはストップモーション	桑江知子	竜真知子	都倉俊一
1980	ハッとして！Good	田原俊彦	宮下智	宮下智
1981	ギンギラギンにさりげなく	近藤真彦	伊達歩	筒美京平

出典：フリー百科事典日本レコード大賞（2020.6.10 閲覧）をもとに作成

3 加速したテレビと流行歌のタイアップ

流行歌の発展とテレビとの関係は、時代を追うごとにますます深まっていった。

たとえば60年代後半からいわゆる〝ヒット曲速報番組〟が東京のテレビ各局で始まった。フジテレビの「夜のヒットスタジオ」（１９６８年開始）、日本テレビの「紅白歌のベストテン」（１９６９年開始）、ＴＢＳの「ザ・ベストテン」（１９７８年開始）などである。これらの番組はレコードの売上、リクエストの件数などの順位を毎週集計してヒット曲をランクづけして、その上位にある曲をオリジナルの歌手が毎週テレビ局のスタジオに集まり、生出演で歌うものであった。番組で上位にランクされた曲は、放送の翌日にはレコード・ＣＤ店でよく売れるというほどの影響力であった。これらの番組はアーティスト、レコード会社、プロダクションがタッグを組んで戦う戦場であり、そこから生まれるエネルギーはすさまじく、さらなる流行歌の隆盛をもたらした。

このような〝歌のベストテン番組〟も80年代に入って徐々に沈静化したが、そこに新たに現れたのは、映像と音楽のタイアップという形のテレビと音楽の結びつきである。

この場合のタイアップとは、テレビ映像と音楽を結びつけることによって、お互いのプロモーションの相乗効果を狙うやり方のことである。そもそも映像と音楽をタイアップさせて効果を得るという方式は、日本では流行歌と映画が誕生した大正時代からおこなわれていたことで、流行歌の歴史は映像とのタイアップを抜きには語れないといえる。

戦後になってテレビが生まれ、ドラマやコマーシャルに音楽が使われるようになると、結びつきはますます緊密なものになっていった。特に１９９０年代から２０００年代初頭にかけては、流行歌（この時代はJ-POPとも呼ばれていた）のなかに累計売上が２００万枚を突破するＣＤシングルが10曲も出現したが、それらはすべてテレビドラマ主題歌あるいは挿入歌であり、この時期のテレビドラマと流行歌のタイアップ作戦の過熱状況を物語っている。

このようなタイアップの成功は、テレビ局関係者やスポンサー企業にとっては番組やコマーシャルの視聴率の上昇につながるものとして、またレコード会社側にとっては楽曲のヒットやＣＤの売上増につながるも

テレビドラマとのタイアップ曲歴代ＣＤ売上ベスト 10

順位	曲名	歌手	売上枚数	ドラマのタイトル	放送年
1	世界に一つだけの花	SMAP	313 万枚	僕の生きる道	2003
2	君がいるだけで	米米 CLUB	289 万枚	素顔のままで	1992
3	SAY YES	CHAGE and ASKA	282 万枚	101 回目のプロポーズ	1991
4	Tomorrow never knows	Mr.Children	276 万枚	若者のすべて	1994
5	ラブ・ストーリーは突然に	小田和正	258 万枚	東京ラブストーリー	1991
6	LOVE LOVE LOVE	DREAMS COME TRUE	248 万枚	愛していると言ってくれ	1995
7	YAH YAH YAH	CHAGE and ASKA	241 万枚	振り返れば奴がいる	1993
8	名もなき詩	Mr.Children	230 万枚	ピュア	1996
9	CAN YOU CELEBRATE?	安室奈美恵	229 万枚	バージンロード	1997
10	TRUE LOVE	藤井フミヤ	202 万枚	あすなろ白書	1993

出典：MUSIC&MOVE（2020.7.1 閲覧）をもとに作成

のとして歓迎された。だからこそ次々と新しいタイアップが生まれたといえる。

しかしドラマの内容に音楽の内容が制約を受けることもあり、アーティストの音楽性が損なわれるという問題も起こり、アーティストはもとより、心ある音楽ファンからも不満の声があがることが多くなっていった。

このようなタイアップでヒット曲が生まれるのは、日本に特有のことともいわれる。アメリカや多くの西欧諸国などでは、タイアップはいきすぎたコマーシャリズムだとしてミュージシャンからも音楽ファンからも嫌われ、あまりおこなわれていないという。

21世紀に入ると、日本でも徐々に神通力がなくなり減少するようになった。音楽を作りパフォーマンスをするアーティストも、それを聴く音楽ファンも、音楽ビジネスの仕組みのなかで作られるタイアップ音楽に、愛想をつかしたということかとも思われる。

4 子ども向けテレビ番組が生んだ〝オバケ〟流行歌～「およげ！たいやきくん」

音楽ランキング誌、オリコン誌は「日本でもっとも売れた曲ランキング～昭和、平成のヒットソング」としてこれまでの日本の流行歌（日本制作のヒットソング）のシングル盤の累計売上ランキングを発表している。その上位10曲は別表のとおり。

第1位にランクインしている「およげ！たいやきくん」は、そのタイトルからもわかるように、大人向けの流行歌として作られたものではない。1975（昭和50）年10月にフジテレビの人気子ども番組「ひらけ！ポンキッキ」で放送された新しい童謡だった。この歌は放送直後から問い合わせが殺到し、レコードの発売をリクエストする声が大半を占めた。この曲が子どもだけでなく大人の心にも触れる歌だったからである。そして放送開始から2か月後の12月に、フジテレビと同系列のレコード会社であるポニーキャニオンからシングル盤が発売された。発売の時点で30万枚の予約が入り、発売から1か月もしないうちになんと150万枚を出荷したという。そのためオリコン誌のシングル盤・ランキングでは初めての、初登場で第1位を獲得することになった。

日本でもっとも売れた曲ランキング～昭和、平成のヒットソング

順位	曲名	歌手	発売年	売上枚数	発売元
1	およげ！たいやきくん	子門真人	1975	457 万枚	ポニーキャニオン
2	女のみち	宮史郎とぴんからトリオ	1972	325 万枚	日本コロムビア
3	世界に一つだけの花	SMAP	2003	313 万枚	ビクターエンタテインメント
4	君といつまでも	加山雄三	1965	300 万枚	東芝音楽工業
5	TSUNAMI	サザンオールスターズ	2000	293 万枚	ビクターエンタテインメント
6	だんご 3 兄弟	速水けんたろう ほか	1999	291 万枚	ポニーキャニオン
7	君がいるだけで	米米 CLUB	1992	289 万枚	ソニー
8	SAY YES	CHAGE and ASKA	1991	282 万枚	ポニーキャニオン
9	Tomorrow never knows	Mr. Children	1994	276 万枚	トイズファクトリー
10	ラブ・ストーリーは突然に	小田和正	1991	258 万枚	ファンハウス

出典：MUSIC&MOVE（2020.7.1 閲覧）をもとに作成

この曲はその後ヒットのピークがすぎてからも、子どもにも大人にも好まれるスタンダード・ナンバーとして愛好され、発売以来約40年で売上累計４５０万枚に達し、童謡のみならず日本の流行歌のなかでも、唯一の４００万枚をこえるスーパー・ヒット曲となった。

別表のランキング・リストのなかにはもう1曲テレビの子ども番組から生まれたヒット曲がある。第6位の「だんご3兄弟」である。この曲はＮＨＫ教育テレビの幼児向け番組「おかあさんといっしょ」で１９９９（平成11）年1月の「今月の歌」として発表された、タンゴのリズムを持つコミカルな童謡だった。当時のうたのおにいさん、おねえさんだった速水《はやみ》けんたろう、茂森《しげもり》あゆみが、1か月間テレビのなかでこの歌を歌い続け、子どもたちのあいだで人気となった。放送開始後すぐにＣＤ発売希望の声が高まり、この番組の歌としては初めてのＣＤシングル盤が、同年3月にポニーキャニオン社から発売された。初回出荷は80万枚だったというが、発売後数日で２５０万枚を突破するという驚異的な売上を記録し、あっという間に大ヒットとなった。このスピードは「およげ！たいやきくん」をはるかに上回った。その結果、１９９９年のオリコン年間シングルチャートでは第1位に輝き、日本レコード大賞では特別賞、ゴールデン・アロー賞など多くを受賞した。発売時からの累計売上はオリコン集計で２９１万枚を記録した（２０１９年現在）。

「だんご3兄弟」が大ヒットした要因としては、タンゴのリズムの持つコミカルな一面がこの曲の歌詞にうまくマッチして、子どもたちだけでなく大人にも大いに受けることになったためとされる。また〝タンゴ〟と〝だんご〟の語呂合わせも面白味を増したといわれる。

子ども向けの曲が大人にも受けて、流行歌としてヒットしたのは、ほかにもいくつかの前例がある。1969（昭和44）年にビクターが発売した「黒ネコのタンゴ」（歌・皆川《みながわ》おさむ）もそのひとつ。原曲はイタリアの童謡コンテスト「ゼッキーノ・ドーロ」の入賞曲「Volevo un Gatto Nero」（黒い猫がほしかった）である。この曲は発売当初、レコード会社が〝大人のための子供の歌〟というキャッチコピーを使ったが、その狙いどおり大人が聴く歌にもなり、発売後現在までに250万枚近くを売り上げ、日本の流行歌の歴代ベストセラー売上ランキングの16位を維持している。

また「黒ネコのタンゴ」のさらに7年前の1962（昭和37）年には、日本コロムビアが発売した「おもちゃのチャチャチャ」があった。NHK総合テレビの幼児音楽番組「うたのえほん」で「今月の歌」として、真理《まり》ヨシコと中野慶子が毎日交代で歌ったこの曲が、真理ヨシコの歌でレコード化された。これも大人が幼児に歌いかける曲として、発売後すぐに4万枚を売るヒットとなり、翌年1963（昭和38）年には第5回日本レコード大賞童謡賞を受賞した。カバー・レコードも多く、松島トモ子、田中星児《せいじ》、ボニージャックスなど大人の歌手たちが、続々と録音している。

「およげ！たいやきくん」や「だんご3兄弟」がビッグヒットとなったことからわかるのは、やはりテレビ放送が持つ音楽をヒットさせる力の強さである。音楽関係者がCMやドラマなどテレビ番組とのタイアップを実現させるために、躍起となって奔走する理由もそこにある。

5　毎年の大トリは演歌～NHK紅白歌合戦と演歌の深い関係

NHK紅白歌合戦は、毎年、日本の歌手やボーカル・グループのなかから、その年にもっとも活躍、あるいは長期にわたって活躍しているアーティストを合計約50組（人）選出し、女性を紅組、男性を白組にわけ、対抗形式で歌や演奏を披露する番組である。1951（昭和26）年に正月のラジオ番組としてスタートしたが、テレビ放送が加わった1953（昭和28）年の第4回からは大晦日の夜に約1時間半放送されるようになった。〝1年の締めくくり〟の番組となり、普段は特に音楽に関心を持たない人々も、家族とともに視聴することから、毎年視聴率も高く、最盛期には80％をこえたことも少なくない。

1年に1度だけの番組ではあるが、その年の音楽の流行の傾向を知ることができる。また、限られたジャンルの音楽だけではなく、幅広い層にまたがる多くのジャンルから選ばれた音楽であったので、多くの視聴者の関心を集めてきたともいえる。そのため日本のポピュラー音楽、流行歌の発展に大いに寄与していると評価されることにもなった。

しかしこの紅白歌合戦は、毎年の歌手の選出や選曲が番組を制作する放送局の関係者によっておこなわれ、その選定基準もはっきりとは示されてはいないため、どうしても人為的な判断や操作が加えられているのではないかという疑問の声が起こりがちである。特に出演が叶わなかったアーティストの関係者やそのファン、そしてマスコミなどからも、そういう声があがることが多い。なかでもよくきかれるのが、演歌に重点が置かれすぎているのではないかという声である。

演歌は確かに日本の流行歌のなかでも、歴史的に大きな位置を占めてきたジャンルであり、戦後も1950年代の後半からはヒット曲が数多く生まれ、70年代からの流行歌の最盛期にも、アイドル・ポップスやムード歌謡と並んでそれなりの位置を占めてきたことは、本書でもみてきたとおりである。しかし流行歌最盛期には、ほかに多くのジャンルも生まれ、音楽市場において演歌の占める割合は少しずつ下がってきたことも事実である。おしなべてみると60年代は流行歌の市場の2～3割であった演歌は、70年代には1割

「第4回 NHK 紅白歌合戦」のようす。紅組司会は水の江瀧子、白組司会は高橋圭三。トリをつとめたのは、淡谷のり子、藤山一郎だった。1953年（昭和28）年12月。　写真提供：ジャパンアーカイブズ

前後に減ったのではないかとみられる。しかしながら紅白歌合戦の出場歌手は、毎年全50名のなかで演歌歌手が15～20名ほど選ばれ3～4割を占めている。これが「演歌歌手はヒットがなくても選ばれる」「演歌歌手は昔のヒット曲で出場できる」という、ほかのジャンルの歌手やファンからの不満につながっている。

紅白歌合戦の演歌偏重がさらにはっきりわかるのは、毎年のトリと大トリの歌手の選定である。紅白歌合戦の人気がもっとも高く70～80パーセントの視聴率を続けていた1960年代から70年代あたりの、紅組、白組それぞれのトリを務めた歌手とその曲名は、別表のとおりである。

表からわかるように、この20年間に「紅白歌合戦」のトリと大トリで歌った歌手のべ40人のうち、演歌歌手でなかったのは、1978年の山口百恵と沢田研二のふたりだけであり、ほかの年度はすべて演歌歌手だった。この傾向は多少は修正されてはいるが、その後もそれほど変わっていない。2000年代に入ってからトリを務めた歌手としては、女性では石川さゆり、川中美幸、天童《てんどう》よしみ、男性では北島三郎、五木ひろし、氷川きよし等がいる。ここにはやはり「紅白歌合戦」の演歌重視の姿勢が現れているといえる。4時間余りの番組のなかで盛り上がりを見せる場面は、最後の場面だけではないということではあるかもしれないが、やはりラストシーンの印象は強い。

いっぽうでこのような方向性は好ましくない、と決めつけるのも早計ではないだろうかという意見もある。演歌は日本の流行歌のなかでも、江戸・明治の時代からのはやりうたの流れを受け継いでいる伝統的な大衆音楽であるといえるのではないか。そう考えれば日本で唯一の公共放送であるＮＨＫの〝国民的〟音楽番組が、演歌を重視する姿勢があってもよいのではないか、ということである。

紅白歌合戦大トリ及びトリ歌手＆曲名一覧（1962 ～ 81 年 =20 年間）

年号	紅組歌手	曲名	白組歌手	曲名
1962	島倉千代子	さよならとさよなら	三橋美智也	星屑の町
1963	美空ひばり	哀愁出船	三波春夫	佐渡の恋唄
1964	美空ひばり	柔	三波春夫	俵星玄蕃
1965	美空ひばり	柔	橋幸夫	あの娘と僕～スイム・スイム・スイム～
1966	美空ひばり	悲しい酒	三波春夫	紀伊国屋文左衛門
1967	美空ひばり	芸道一代	三波春夫	赤垣源蔵
1968	美空ひばり	熱祷	橋幸夫	赤い夕陽の三度笠
1969	美空ひばり	別れてもありがとう	森進一	港町ブルース
1970	美空ひばり	人生将棋	森進一	銀座の女
1971	美空ひばり	この道を行く	森進一	おふくろさん
1972	美空ひばり	ある女の詩	北島三郎	冬の宿
1973	島倉千代子	からたち日記	北島三郎	帰ろかな
1974	島倉千代子	襟裳岬	森進一	襟裳岬
1975	島倉千代子	悲しみの宿	五木ひろし	千曲川
1976	都はるみ	北の宿から	五木ひろし	愛の始発
1977	八代亜紀	おんな港町	五木ひろし	灯りが欲しい
1978	山口百恵	プレイバック Part2	沢田研二	LOVE（抱きしめたい）
1979	八代亜紀	舟唄	五木ひろし	おまえとふたり
1980	八代亜紀	雨の慕情	五木ひろし	ふたりの夜明け
1981	森昌子	哀しみ本線日本海	北島三郎	風雪ながれ旅

出典：フリー百科事典 NHK 紅白歌合戦（2020.6.15 閲覧）資料より抜粋して作成

6　日本のフォークの誕生～テレビを嫌ったミュージシャンたちの台頭

アイドル・ポップスやタイアップ曲のミリオン・セラーの大ヒット曲がテレビを通して作られていくいっぽうで、日本の音楽シーンには、欧米から流入してきたフォークやロックが受け入れられ始めた。１９６０年代中頃のことである。

これらの音楽は内容や形式は多様だが、共通項はアーティストが楽曲を自分で作り、自分で演奏し、自分で歌う音楽が中心であるということだった。このようにして音楽と取り組むアーティストは、シンガーソングライターと呼ばれるようにもなった。そしてそれらの歌の録音、すなわちレコード原盤作りも、レコード会社ではなくアーティスト自身やアーティスト・マネージメントの手でおこなわれることが多くなり、場合によってはそのレコードの配給・販売まで、彼らが自らの手でおこなうこともみられるようになった。

またこの分野では多くのアーティストがテレビ出演を嫌い、ラジオをメディアとして好んで使った。それはアイドル・ポップスをはじめとするこの時期の多くのジャンルの音楽が、テレビの持つ商業性に操《あやつ》られて、アーティスト自身がやりたい音楽をやれないでいることが多くなっていたことへの反抗であったともいわれる。

この流れは１９６０年代のフォークから始まった。日本製のフォークという音楽が生まれたのは、この時期、アメリカから流入してきたフォークソングの影響が大きな要因となっている。ハリー・ベラフォンテやピーター・ポール＆マリー、ブラザーズ・フォー、キングストン・トリオ、ジョン・バエズ、ボブ・ディラン、ピート・シーガーらによるアメリカのフォークソングは、最初はＦＥＮ放送や輸入レコードから、やがてＡＭ放送、日本発売のレコード、そして来日コンサートなどを通して、若い音楽ファンを中心に広がっていった。それに並行して、ベンチャーズによるエレキ・ギターのブーム、そして１９６４（昭和39）年のザ・ビートルズの劇的な登場、さらには同年にローリング・ストーンズの出現があり、これらはギターという楽器の魅力を日本のポピュラー音楽ファンに強烈に植えつけ、日本製ロックの誕生にもつながった。

このような要因が重なって、60年代中盤から、日本にもカレッジフォークやグループ・サウンズなど、国産のフォークが芽生えはじめる。その流れのもっとも早いものが、マイク眞木（「バラが咲いた」１９６６年）、森山良子（「この広い野原いっぱい」１９６７年）などのカレッジフォークであり、ザ・スパイダース、ヴィレッジ・シンガーズ、パープル・シャドウズなどの一連のグループ・サウンズの出現である。

しかし70年代前後から、これまでのフォークとは性格を異にする、新しいタイプのフォークが、関西を中心にした地域から発生する。それは当時我が国にも起こった学園紛争や70年安保闘争などに現れた、若者の反乱という背景のなかに生まれた、メッセージ色の強い音楽だった。ザ・フォーク・クルセダーズ、高石友也、岡林信康、五つの赤い風船、中川五郎らはこの範疇に入る歌手である。彼らの歌の持つ反社会性から既存のレコード会社やレコード店から締め出されるものもあった。そこで彼らは自分たちの手でレコードを作って販売するようになる。その手始めは1969（昭和44）年、大阪のアーティストの手による会員制レコード会社「アングラ・レコード・クラブ」（URC）だった。さらに翌年には「エレックレコード」も設立され、吉田拓郎が「イメージの詩」でデビューした。

その動きはさらに、1975（昭和50）年の東京でのフォーライフ・レコードの設立につながっていく。この年の4月、小室等《こむろひとし》、吉田拓郎、泉谷しげる、井上陽水の4人のアーティストたちが記者会見をおこない、フォーライフ・レコードの設立が発表された。キャッチフレーズには「私たちに音楽の流れを変えることができるでしょうか」が掲げられ、自分たちの自由な活動と音楽作りをアピールした。

大阪のインディーズ・レーベル、URCレコードの商標。　協力：URCレコード

7 ニューミュージックの誕生と発展

日本のフォークミュージックは1970年代前半までのような、アーティストのメッセージ色の強いものが70年代後半も続いたわけではない。1972（昭和47）年の軽井沢浅間山荘《あさまさんそう》での連合赤軍の立てこもり事件や、仲間同士の総括という名目の大量殺人事件に象徴される、学生運動という若者の政治的かかわりがたどった悲劇的な結末が起こったあたりから、学生のなかには社会全体のことにかかわりを持つことの挫折感が広がり、自分の身の回りのことにしか関心を持たない風潮が起こりはじめていた。

それにつれて若者の歌の流れにも変化が起こった。新しい傾向を代表する歌は、1972（昭和47）年の吉田拓郎の「結婚しようよ」、井上陽水の「傘がない」、1973（昭和48）年のガロの「学生街の喫茶店」など、自分の周囲で起こったことを歌うことが多くなった。皮肉なことにこのような歌は、従来の抵抗型のフォークが売れた程度をはるかにこえて、大ヒットと呼ぶべきスケールの売上になっていく。

これらの歌はニューミュージックと呼ばれるようになった。ニューミュージックという名称を誰がいいだしたのかについては明確ではない。フォークの流れを汲み、それにロックやソウルミュージックなどの要素も取り込んだもので、これといってはっきりした音楽の形式は持たなかったが、日本のポピュラー音楽の大きな流れとして、1970年代後半から80年代にかけて、日本の流行歌のなかで大きな比重を占めるようになった。

ニューミュージックのアーティストとしては、小室等、泉谷しげる、井上陽水、吉田拓郎らのフォークの主力アーティストに加えて、ヤマハが1967〜71年に開催した「ライト・ミュージック・コンテスト」と、1969（昭和44）年から開催された「ポピュラーソングコンテスト」（通称ポプコン）が生んだ、メジャーなアーティストの多くがあげられる。中島みゆき、オフ・コース、チューリップ、小坂明子、八神《やがみ》純子、CHAGE《チャゲ》 and《アンド》 ASKA《アスカ》などの顔ぶれである。

1970（昭和45）年にはかぐや姫が、1972（昭和47）年にはニューミュージックを象徴する歌手ともいわれる荒井由実（後の松任谷《まつとうや》由実）が劇的にデビュー。1975（昭和50）年にはナイアガラ・レー

ニューミュージックの全盛期（1970～80年代）には、シングル盤ではなく、アルバムで新作を発表するアーティストも多かった。店頭にはLPアルバムが並ぶ。　写真提供：ファイブ・ワン

ベルを設立した大瀧詠一、そこから生まれたシュガー・ベイブ、そのメンバーでレーベルから独立した山下達郎、佐野元春、杉真理が続く。そして1978（昭和53）年にはサザンオールスターズがデビューした。ニューミュージックはこれらのアーティストたちによって20世紀末の流行歌の最盛期を作り上げた。

このようなニューミュージック全盛時代である1970年代から80年代に向かう時代は、日本のレコード市場の売上も右肩上がりの伸長が続く。そして音楽ビジネスの変革がさらに進んだ時代でもあった。特にレコードの原盤の権利保有という音楽ビジネスの根幹ともいえる問題は、ますますレコード会社の意に反する方向に向かっていった。

それはレコード原盤権のレコード会社外への流出が、ニューミュージックの時代になってさらに進むようになったことでも明らかだ。少し前のアイドル・ポップスの時代に起こった原盤権のプロダクションへの流出は、渡辺プロダクションやホリプロダクションのような企業型のプロダクションへの流出だけだったが、この時代になってアーティストが個人マネージメント会社を作り、自分の活動を自分でコントロールするようになり、そこでレコードの原盤を作るようになった。

ニューミュージックのビッグ・スターがあいついで出現するにつれて、このような性格の原盤制作会社は多数生まれた。サザンオールスターズの「アミューズ」、荒井由実（松任谷由実）の「雲母《きらら》音楽」などはみなこの例である。ＣＤはビクターや東芝ＥＭＩのようなメジャーなレコード会社から発売されているので、一般の音楽ファンは気がつきにくいが、じつはＣＤの実質的な発売権利は、このような形でアーティスト側が持っているということが珍しいことではなくなった。また、大型スターアーティストのマネージメント会社が新人アーティストを育てることに成功して、企業型のプロダクションに成長するケースも多くみられるようになった。

8 J-POPとともに始まったプロデューサーの時代

平成という新しい時代が始まる数か月前の１９８８（昭和63）年10月、東京に新しいＦＭラジオ局、J-WAVEが誕生した。この局は洋楽曲だけを放送する音楽専門局としてスタートしたが、開局後まもなく日本製のポピュラー音楽も放送しようということになり、そのような日本のポップスをどのように呼ぶのかを決める必要が生じた。そこにJ-POP（Japanese Pop）という呼称が考え出された。最初の数年はこの番組だけで使われていたが、やがて徐々に一般化していき、演歌以外のほとんどの日本製のポピュラー音楽はJ-POPと呼ばれるようになった。従ってJ-POPは音楽のジャンルのひとつの名称ではなくて、日本製ポピュラー音楽の総称ともいえる。折しもこの前後の時期には、Ｊリーグ（サッカー・リーグ）、ＪＲ（元・日本国有鉄道）、ＪＴ（元・日本専売公社）

という名称も生まれている。また音楽でも日本製のジャズ、あるいは日本人のプレーヤーが演奏するジャズをＪジャズと呼んだり、同様にそのようなクラシックをＪクラシックと呼んだりするようにもなった。

J-POPが広く使われるようになったきっかけとしては、今まで日本で作られたポピュラー音楽を総称する名称がなかったところに、新鮮味のある名称が生まれたとして、マスコミや音楽関係者が好んで使うようになったこともある。それはＣＤショップでも店内のＣＤ売り場のジャンルわけに使うようになり、それがお客にも浸透していったといわれる。

J-POPという呼称が広く使われるようになった１９９０年代という時代は、流行歌はすでに確認したように、タイアップ・ソングの最盛期でＣＤのミリオン・セラーが続出した時代であった。そしてもうひとつの特徴はプロデューサーと呼ばれる職種の人々の活躍が目立つようになった時代でもある。そこでは小室哲哉《こむろてつや》、つんく♂、小林武史、長戸大幸《だいこう》などの名があげられる。

小室哲哉は、１９８３（昭和58）年にTM《ティーエム》 NETWORK《ネットワーク》を結成し、自らがリーダーとして参加して実績を作り、１９９３（平成5）年にはAVEX《エイベックス》レコード創立とともにデビューしたTRF（TK RAVE FACTORY）をプロデュースして成功。以後、観月《みづき》ありさ、篠原涼子、安室《あむろ》奈美恵、華原《かはら》朋美《ともみ》などをプロデューサーとして手掛け、自分の作詞、作曲、編曲なども提供して、それぞれをスター歌手に仕上げた。この時期、彼の作品は〝小室サウンド〟と呼ばれて一世を風靡した。

大阪出身のつんく♂の活躍も目覚ましかった。1992（平成4）年、バンド「シャ乱Q《らんキュー》」のボーカルとしてデビューした後、1997（平成9）年には女子アイドル・グループ「モーニング娘。」をプロデュースし、音楽プロデューサーとしての活動を本格的に開始。1999（平成11）年には彼自身の作詞・作曲による同グループのシングル「LOVEマシーン」が大ヒットし、日本レコード大賞の優秀作品賞と作曲賞を受賞した。その後も多くのアーティストのプロデュースや楽曲の提供、さらにはゲームソフトのプロデュースや映画制作など幅広い分野で活躍した。

小林武史は1980年代の後半は桑田佳祐とサザンオールスターズのプロデュースにか

J-POPの全盛期（1990～2000年代）になると、LP盤・シングル盤（アナログ・レコード）は急速に姿を消し、店頭にはCD盤だけが並ぶようになった。　撮影協力：ディスクユニオン立川店

かわり、話題になった。90年代半ばにはMr.Children《ミスターチルドレン》やMy Little Lover《マイリトルラバー》のプロデューサーとして名をあげた。「スワロウテイル」や「リリイ・シュシュのすべて」などの、映画音楽も手掛けるなど活躍の幅を広げた。

長戸大幸は１９７８（昭和53）年にプロダクション「ビーイング」を設立し多くのアーティストを売り出していたが、90年代の初期から中期にかけてTUBE《チューブ》、B'z《ビーズ》、ZARD《ザード》、倉木麻衣、B.B.クィーンズ、WANDS《ワンズ》、大黒摩季《まき》などの実力歌手を育て、１９９３（平成５）年にはビーイング・ブームを起こした。この年の年間アーティスト別総合売上ランキングでは、１位ZARD、２位WANDS、４位B'z、５位T-BOLANと上位をほぼ独占した。長戸大幸はテレビのコマーシャルやドラマ、アニメの主題歌とのタイアップに独自の手法を編み出すことも得意とするプロデューサーだった。１９９０（平成２）年にはテレビアニメ「ちびまる子ちゃん」のエンディング・テーマ曲「おどるポンポコリン」（歌・B.B.クィーンズ）というビッグ・ヒットも飛ばした。

これらのプロデューサーも既存のレコード会社に専属することはなく、自前のプロダクションを持ち、自前のアーティストやスタッフを擁し、あるいは彼ら自身がアーティストとしてユニットに参加するなどして才能を開花させた。彼らの出現により90年代はJ-POPの時代であると同時に、プロデューサーの時代とも呼ばれるようになった。そしてこれらの才能あるプロデューサーの活躍で、どの時代にも増してＣＤのミリオン・セラーが多数出現した。

9 CDという新メディアの開発と流行歌の隆盛

これまでみてきたように、日本の流行歌は１９７０年代から90年代にかけて、アイドル・ポップスに始まりニューミュージック、J-POPに至る発表を続けて、20世紀末にはピークを迎えた。その発展を促した要因として、この時期に誕生し音楽ファンによって圧倒的に支持されるようになったCDという魅力的なデジタル・ディスク・メディアの登場も見逃してはならないだろう。CD開発の経緯を振り返りながら、いかに音楽ファンがCDの魅力に惹かれていったかを確認してみよう。

音楽をデジタル化して記録・再生するメディアとして、１９８１（昭和56）年にデビューしたCD（コンパクトディスク）は、日本のソニーとオランダのフィリップス社の共同開発によって生まれた。そして１９８２（昭和57）年10月、世界のどこの国よりも早く、日本の市場にその姿を現した。それはこれまでのLP、EP、ステレオなどのアナログ・レコードの開発では常に欧米の企業に先を越されていた日本の企業が、音楽メディアの開発で初めて先頭を切った記念すべきことであった。

20年ものあいだ、ステレオ録音のLPレコードで音楽を楽しんできた音楽ファンの多くは、CDの登場を必ずしも最初から歓迎したわけではない。LPが持っているアナログ特有の温かみのある音に比べると、CDのデジタル音は透明度は高いが冷たい音ではないか、と多くのファンは心配した。しかし彼らがCDの魅力にとりつかれるのに時間はかからなかった。LPに比べてのCDの優位性はすぐに明らかとなった。

まず、CDのディスクは手にとってもほとんど重さを感じないほど軽量で、しかも直径12センチメートルという小さなディスクのなかに、LPとは比較できないほど高音質の音楽を最長74分も記録することができる。そしてその音はLPにみられたようなマスターテープの音と比べての劣化がほとんどない。そのうえLPのように針を使う再生ではなく、レーザー光線で信号を読み取るので、スクラッチノイズ（いわゆる針音）が全くない。このようにCDにはLPと比べて形態にしても音質にしても圧倒的な優位性があった。

それに加えて音楽というコンテンツがデジタルの信号に変換されていることにより、従来のレコードでは不可能だった数々の便宜性も備えていた。たとえばCDプレーヤーの液晶の小窓には、総曲数、総演奏時間、演奏中の曲順、演奏中の経過時間

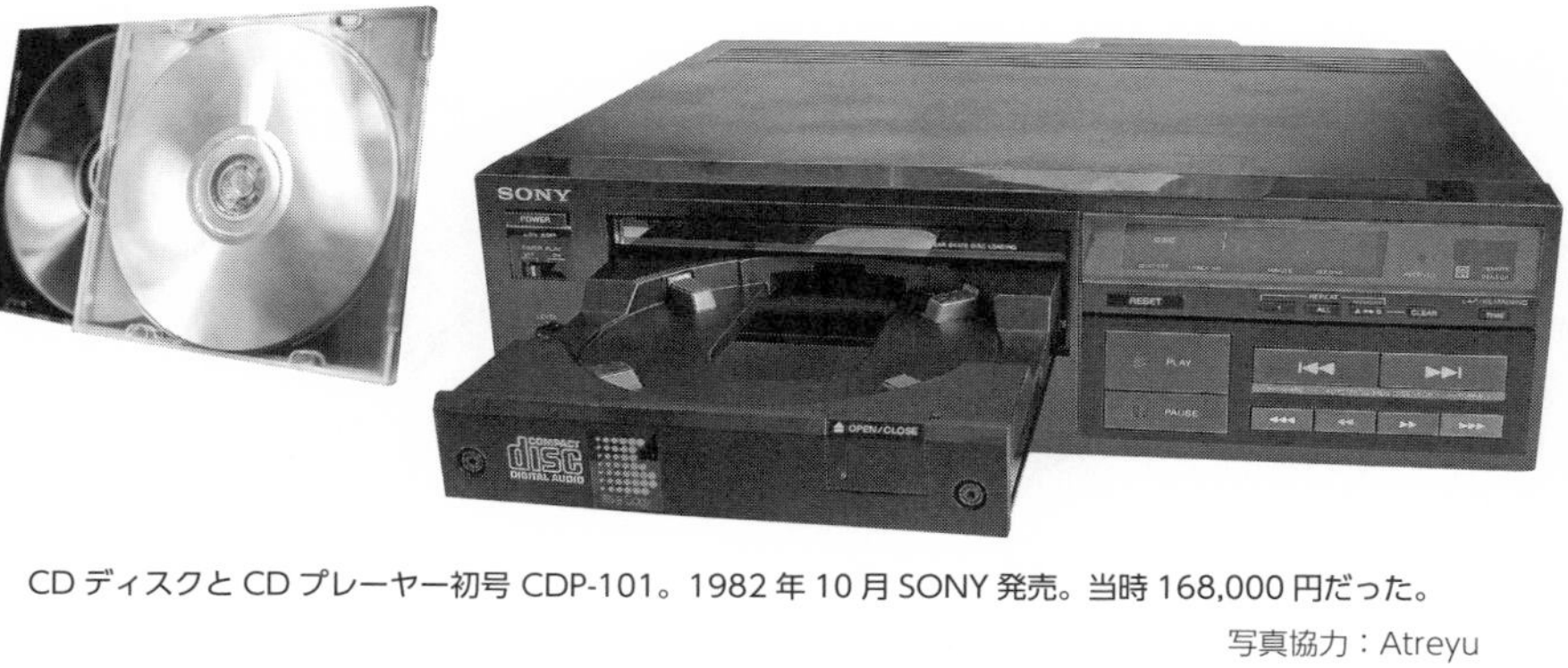

CD ディスクと CD プレーヤー初号 CDP-101。1982 年 10 月 SONY 発売。当時 168,000 円だった。

写真協力：Atreyu

などが表示されるようになった。またランダム・アクセスの機能があり、リモコンやボタンによって、瞬時の曲目変更や中断ができるようになった。その結果、歩きながら携帯音楽プレーヤーで、あるいはドライブをしながらカーステレオで音楽を聴くという〝ながら〟聴取も広がった。

このような数多くの優位性を持つCDは、ポピュラー音楽のファンだけでなく、クラシックのファンにも歓迎され、その普及の足取りは大方の予想以上に速く、誕生の5年後の1987（昭和62）年には、それまでの30年間、音楽記録メディアの王者として君臨したアナログメディアのLPを生産高で上回り、その王座を奪い取った。

宇多田ヒカルのデビュー曲「Automatic」を収録したアルバムが、前人未到の800万枚の売上を記録したのは、CDが誕生してから18年目の1999（平成11）年である。この時期は20世紀を通じて発展を続けてきた流行歌が、まさにピークを迎えた時期だった。

このようにCDは人々の音楽への接し方に、従来までのアナログ・メディアにはなかったさまざまな多様性をもたらした。そして人々はCDによって新しい音楽を知り、音楽の新しい楽しみ方を

CDの音源を音楽プレーヤーに録音すると音楽が手軽に持ち歩けるようになった。

知った。もしＣＤが出現していなかったら、20世紀終盤の20年間に訪れた日本の流行歌の隆盛も、それほど大きなものにはならなかったかもしれない。

7

流行歌の発展過程に起こった3つの〝事件〟

ここでは流行歌の全盛期である1970年代から80年代にかけて起こった、3つの出来事についてみておこう。そのどれもが日本の流行歌のあり方や人々の流行歌とのかかわりに、直接的・間接的に大きな影響をもたらしたもので、その意味でこれらは〝出来事〟というよりは〝事件〟と呼ぶほうが適切かもしれない。その3つとは「カラオケ」「貸しレコード」「音楽ビデオ」の登場であり、そのいずれもが社会的にも、文化的にも大きなインパクトをもたらした。このうち「カラオケ」は、日本に発生した新しい音楽文化として、また「貸しレコード」は新しい音楽の配給形態として海外の国々からも注目を浴びることになった。

1 カラオケの出現と発展
～歌う楽しさを知った流行歌ファン

戦後の日本の復興を象徴する大阪万博が開催された1970(昭和45)年頃のこと、日本人は新しい音楽の楽しみ方を知った。音楽を使った、新しいタイプの娯楽が生まれたといってもいいだろう。それはカラオケである。カラオケという言葉は音楽業界にそれ以前から存在していた。プロの歌手は自分が歌う歌のオーケストラによる伴奏だけを録音したテープを持っていた。彼らはオーケストラのいない仕事の場で歌うときにそれを使う。その伴奏だけの音楽を録音したテープをカラオケ・テープと呼んでいた。

カラオケ・テープを使ってアマチュアの人々にも、歌を楽しんでもらおうと考えられたのが、この〝カラオケ〟という新しい遊びである。カラオケが生まれたことで、誰もが好きな歌をプロの歌手と同じレベルのオーケストラ伴奏で、手軽に歌えるようになった。それはカラオケ文化という言葉が生まれるほど、日本人の生活に溶け込んでいった。そして日本人の流行歌への接し方と、日本の流行歌の広がりに少なからぬ影響を与えることになった。

カラオケの遊びが始まった経緯ははっきりしない。最初は伴奏音楽だけではなく、同時に歌のメロディも楽器で演奏されるテープが作られ、それがスナックなどで「歌のない歌謡曲」としてＢＧＭで使われることから始まったといわれる。伴奏だけのカラオケを最初に始めたのは、神戸のミュージシャンの井上大佑《だいすけ》という説が有力だ。

彼は夜の酒場やスナックなどで、生演奏でお客の歌の伴奏をピアノまたはバンドでする仕事が多かったが、あまりにも忙しくなったので、自分の伴奏を録音して配ることにした。それが評判になり、カラオケという名称で知られるようになった。井上はカラオケのテープと再生機器を組み合わせたシステムを開発し、「エイトジューク」と名づけて、製造・販売を始めた。それにクラリオン社をはじめとする多くのオーディオ・メーカーも目をつけて、カラオケ・システムの開発と商品化合戦が始まる。人々のあいだにもカラオケで歌うことが急激に広がり、根づいていくことになった。

最初の頃のカラオケは後年のようにビデオ映像を使うものではなく、伴奏音楽だけのオーディオ・カラオケだった。伴奏音楽が録音されたカセット・テープを再生し、それに合わせて歌を歌う。歌詞を覚えていない場合は、紙に印刷された歌詞をみながら歌うというものだった。このオーディオ・カラオケの普及により、第1次カラオケ・ブームが到来した。

次に登場したのはビデオ・カラオケである。それは1978（昭和53）年に東映ビデオ社が、ビデオによるカラオケを初めて発売したことに始まった。ビデオ・テープにはカラオケの伴奏音楽と曲のイメージ映像が収録されており、歌の進行に合わせて歌の歌詞も画面に表示されるので、歌う人はその歌詞を目で追いながら歌う。オーディオ・カラオケのように、暗い酒場の店内で紙に印刷された歌詞を読んだり、それを覚えたりすることも不要となった。

初期のビデオ・テープを使っていた時代は、歌いたい曲を選曲するための早送りや巻戻しに時間がかかるという難点もあった。だがしばらくしてビデオ・ディスクが開発されてからはそれも解決した。なぜならビデオ・ディスクでは歌いたい曲の選曲（頭出し）が、リモコンでほぼ瞬時に可能

画面に出てきた歌詞を目で追ってカラオケを歌う。

となったからだ。そのためビデオ・カラオケは一気に広がった。そのようなカラオケ市場の活況をみて、ハード・メーカーもソフト・メーカーも、そしてカラオケ店を経営する分野にも参入企業が増えていった。このようなビデオ・カラオケの普及は、第１次のブームをはるかに上回る、第２次カラオケ・ブームの訪れをもたらした。

カラオケ人口もどんどん増えて、人々がカラオケを楽しむ場所も夜の遊び場のバーやスナックだけでなく、料理店やレストラン、ホテルや旅館の広間や娯楽室にも広がった。さらに家庭内でカラオケを楽しむホーム・カラオケもおこなわれるようになった。

このような状況のなかで、１９８５（昭和60）年に岡山市に「イエローＢＯＸ」という店が開店した。この店は古い貨物コンテナーを改造して街なかの空き地に置き、そのなかでカラオケを歌う店だった。店主は近くでスナックを経営していたが、近隣からカラオケの音がうるさいとのクレームがあって悩んでおり、人家から離れた空き地を使うことでそれを解消した。

このような店は昼間からでも営業することができた。そのため従来の夜のカラオケ店には行きたくても行けなかった主婦や学生のグループが来店するようになった。自分たちのグループだけで１室を占有することができることも客に喜ばれた。彼らは酒席の余興にカラオケで歌うのではなく、歌うことを主目的にして来店した。カラオケ専門店の誕生である。このような店はたちまち全国に広がり、カラオケ・ボックス、あるいはカラオケ・ルームと呼ばれるようになった。カラオケ・

ボックスは、1996（平成8）年には全国で合計16万室となりピークを迎える。この時期は〝1億総カラオケ時代〟とも呼ばれるカラオケの全盛期となり、マスコミは第3次カラオケ・ブームの到来と報じた。

1990年代に入るとカラオケのメディアがまた進歩した。通信カラオケの登場である。これはカラオケの映像が動画配信でカラオケ・ボックスや、カラオケ店に届けられるシステムであり、カラオケ機材の完全デジタル化が実現したものであった。ビデオ・ディスク・カラオケから通信カラオケに代わったメリットは、店にとってもお客にとっても、数え切れないほど多かった。通信カラオケでは、集中管理による楽曲の管理、選曲、機材調整などが可能となり、カラオケ店は人手もスペースも劇的に減らせることになって経営効率が格段に向上した。それに伴いユーザーが受ける種々のサービスも飛躍的に向上した。それはカラオケ・メー

カラオケ全盛期のカラオケ・ボックスのルーム数の推移

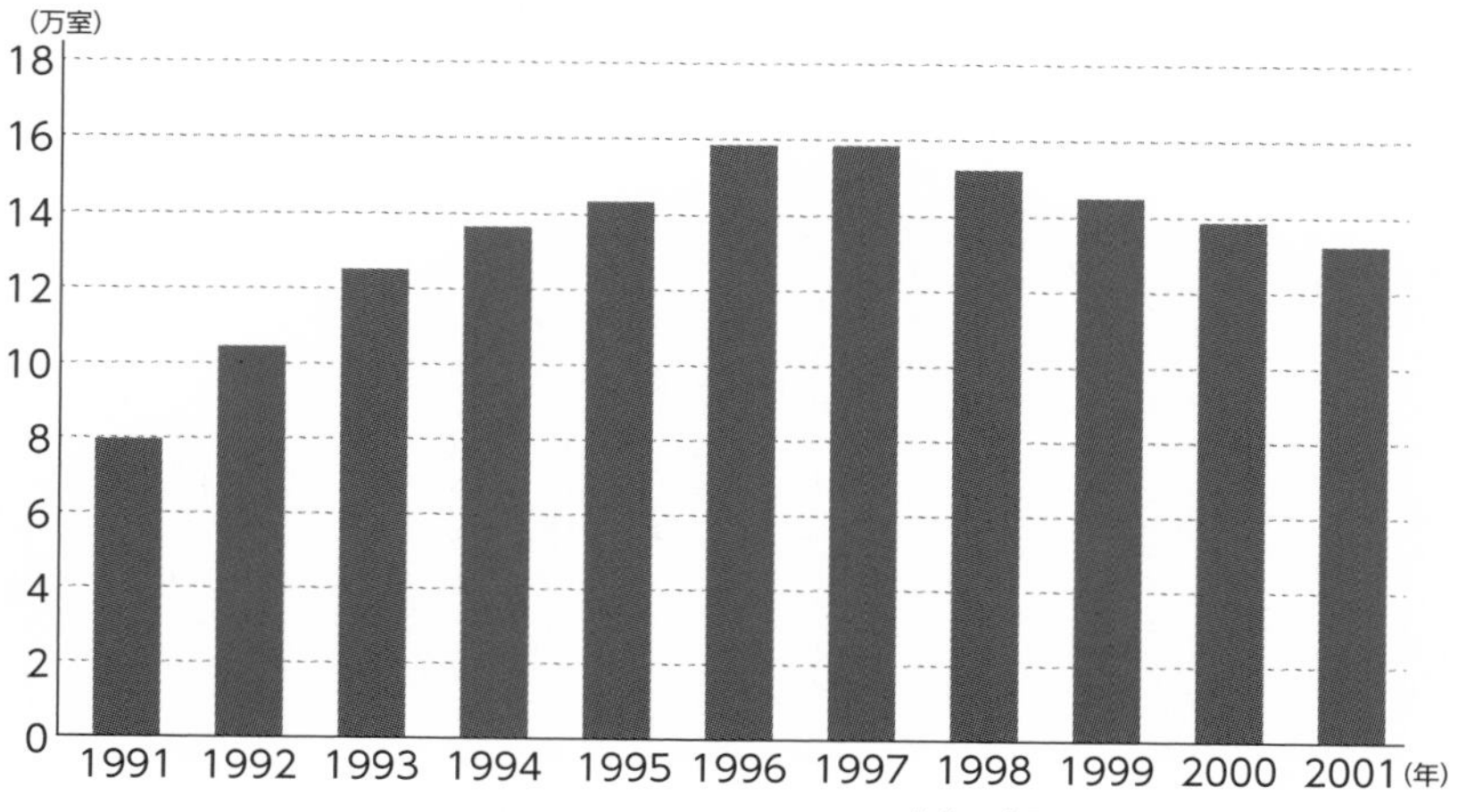

出典：全国カラオケ事業者協会統計資料

カーやカラオケ・ショップの競争の激化を生んだが、そのためにカラオケ産業はますます発展した。

このようにして１９７０年代に始まったカラオケは、20世紀末に向けて発展を続けた。この30余年はまさに日本の流行歌の発展期とぴったりと一致する。それはカラオケが日本の流行歌の発展に、少なからぬ役割を果たしたことを意味するものといえるだろう。

カラオケで歌うために、多くの人々はこれまで以上に多くの曲を聴くようになった。それは自分が歌う曲を探すためでもあり、歌い方を勉強するためでもあった。街なかの歌謡教室も増えて多くのアマチュアの歌手たちが歌い方の指導を受けた。テレビでもカラオケ番組が増え、アマチュアだけでなくプロ歌手も競って出演した。物まねのカラオケ合戦も生まれた。各地のお祭りイベントではカラオケ大会が定番となった。カラオケ・ボックスでは学生やサラリーマンのコンパの2次会としてカラオケ大会が連夜おこなわれるようになった。レコード会社もこれに対応して、シングルＣＤには歌のバージョンとカラオケ・バージョンが組み合わされることにもなった。このように人々のカラオケへの参加の頻度の増加は、人々の流行歌への関心と接触の深まりを物語っている。

カラオケは日本発のユニークな音楽文化として世界の主要国へも広がり、それぞれの国情に合った形で愛好される音楽の遊びとなった。創始者のひとりの井上大佑は、２００４（平成16）年に「イグノーベル賞」を受賞した。この賞は世界中のさまざまな分野の研究の中から「人々を笑わせ、そして考えさせる業績」に対して贈られる、ノーベル賞のパロディである。

2 貸しレコード店の登場とその大きな波紋

カラオケが出現して発展途上にあった１９７０年代後半から80年代初頭にかけて、日本のレコード産業にもうひとつ大きな〝事件〟が起こった。「貸しレコード店」の出現である。それは日本のレコード市場に大きな波紋を投げかけ、〝貸レ問題〟とも呼ばれて社会からも大きく注目されることになった。そしてレコード業界はその対応に多くのエネルギーを費やす事態に追い込まれた。

発端は１９７５（昭和50）年、神奈川県川崎市に日本で最初のレンタル・レコード店が開店したことだった。しかし問題が本格化したのは、その5年後に後続の貸しレコード店が一気に増え始めてからである。１９８０（昭和55）年には東京都三鷹《みたか》市に黎紅堂《れいこうどう》という店が開店し、その後、同年内に東京都吉祥寺《きちじょうじ》市に「友《ゆう》&愛《あい》」が、翌81年には京都に「レック」、神戸に「ジョイフル」が生まれて、いずれもチェーン店化を始めた。そのため1年ほどのあいだに貸しレコード店の店舗数は、全国で１０００店をこえるようになった。

このような状況になって危機感を募らせたのは、いうまでもなくレコード産業である。一定の価格で売られていたレコードが、その何分の一かの料金で貸し出されれば、レコード会社やレコード店が大きな影響を受けるのは目に見えていた。そこで１９８１（昭和56）年10月に、日本の主要レコード会社が加盟する日本レコード協会が中心となって、上記の4社の貸しレコード店チェーンを、著作権侵害だとして民事訴訟を起こした。決着までには約3年を要したが、1984（昭和59）年に双方の不満を残しつつも合意に至り、翌年の85年には改正著作権法が施行された。その結果、レコード製作者に「貸与権」（レコード・CDを貸す権利）と「報酬請求権」（その報酬を受取る権利）が認められ、この法律のもとで貸しレコードは合法化された。

これを契機にレンタル店の店数も飛躍的に増え、1984（昭和59）年の1900店から、1989（平成元）年には6200店を上回り、店数はピークを迎えた。

この間に音楽のメディアはアナログのレコードからCDへの移行（CDは1981年に初登場、1986年にはCDの生産高がLPレコードを上回る）が始まり、「貸しレコード店」と呼ばれていたレンタル業は、「レンタルCDショップ」と呼ばれる時代になった。

広島県にあった黎紅堂呉店。

このようなレンタルCDショップの発展は、レコード会社やCD販売店にとっては苦々しい問題だったが、音楽を聴くファン、愛好者にとっては歓迎すべきことだった。LPレコードやCDアルバムはこの時代には2500～3000円で売られていたが、ユーザーはこれらを買わなくてもレンタル店で借りて聴くことができるようになった。しかもレンタル料金は販売価格の約10分の1の250～300円だった。借りたアルバムをカセット・テープやMDにコピーすれば無料で何回でも聴ける。1979（昭和54）年にはソニーのウォークマンが発売されていたし、90年代になるとMDも商品化された。

ほとんどのレコード店ではLPやCDの試聴ができなかったが、貸しレコードを利用すればアルバムの中身の音楽を確認することもできるようになった。これも貸しレコードが音楽ファンに与えた利便性といえる。

このようにレンタル店の出現は多くの音楽ファンから歓迎された。それは80年代から90年代にかけての、流行歌の隆盛を支えたということもできるだろう。レコード産業は、CDショップの売上が、レンタル・ショップに食われることを心配したのだが、レンタル・ショップに多くの音楽ファンが足を向けたことが、流行歌のマーケットそのものを拡大することになったともいえるだろう。

ミリオン・セラーCDが毎年数十曲ずつ出現するような流行歌の全盛時代が続いた時期は、レンタル・ショップがもっとも繁栄していた時期に一致する。レコードのレンタル業はもっと早い時期から、レコード産業が率先して取り組むべき事業だったのではないかという意見もある。80年代には日本の映画産業は、映画のビデオ・テープの商品化に取り組んだが、その折には小売りではなく、レンタル事業からスタートして成功した。

3 音楽ビデオの誕生
～聴くものから観るものにもなった音楽

映画もテレビ番組もビデオも、映像作品といえば音楽を伴うものがほとんどだが、音楽は多くの場合、主役の映像を引き立てる役どころである。もちろん多くのミュージカルの映画や、「ファンタジア」などのディズニー映画のように音楽が主役の映像もあった。

しかし1970年頃にビデオという映像メディアが開発され世の中に普及していくと、それを受けて新しい形の映像作品が幅広いジャンルで作られるようになった。音楽の分野もその例外ではなく、音楽ビデオと呼ばれる作品が、新しい感覚を持つアーティストやミュージシャンたちによって作られるようになった。

音楽ビデオはミュージック・ビデオ（MV）と呼ばれることもあり、特に音楽の宣伝のために作られるものは、プロモーション・ビデオ（PV）と呼ばれることもある。音楽ビデオの誕生で、人々の音楽の楽しみ方に耳で聴くだけでは味わえなかったものが加わることになった。特にポピュラー音楽ではそれによって音楽作品のあり方も大きく変わったといわれる。

1970（昭和45）年、日本で初めてのビデオソフト制作会社「フジポニー」（フジサンケイグループ）が生まれた。同社は第1回発売として新しい17作品を発売したが、そのなかにふたつの音楽ビデオがあった。「バレエの招待 白鳥の湖　第2集」と「鶴岡雅義と東京ロマンチカ～夢の競演」である。この2作品が日本で初めて発売された音楽ビデオである。この時期の音楽ビデオは、この2作品を見ればわかるように、バレエの舞台公演をそのまま撮影したものや、歌手やコーラス・グループのステージやスタジオでのライブの歌唱風景を撮影しただけの素朴な作りの作品だった。

しかし1980年代になってまもなく、カルチャーショックともいえる、あらゆる音楽関係者に鮮烈な衝撃を与える音楽ビデオが、アメリカからもたらされた。それはマイケル・ジャクソンの「スリラー」と題するビデオだった。その映像は同名の新曲の宣伝のために作られたプロモーション・ビデオだったが、映画並みの劇的なストーリー、マイケル本人をはじめとするダンサーの圧倒的な群舞、狼男に変身するマイケルやゾンビたちの迫真のメイクなど、才能と資金がつぎ込まれた最高水準の映像作品だった。

このようなビデオの出現は多くのミュージシャン、プロデューサーに刺激を与え、日本でもプロモーション・ビデオの重要性と楽しさが認識されるきっかけとなった。音楽ファンの音楽ビデオへの期待感も高まった。

日本では1980年代に入ると、レコード会社が競って音楽ビデオ映像の制作を始めるようになった。しかし楽曲のコンセプトやイメージを映像化するミュージック・ビデオを制作するには、多くの場合に楽曲の制作の数倍の制作費が必要であり、そのための技術や才能も必要だった。従って当初はアーティストが演奏したり歌を歌う姿だけを撮影した、シンプルなライブ映像を中心とするビデオが多かった。

ミュージック・ビデオの利用法についても日本では問題があった。アメリカでミュージック・ビデオが音楽のプロモーション効果をあげたのは、ＣＡＴＶ（ケーブルテレビ）の番組に、ＭＴＶ（ミュージック・テレビ）という番組が生まれ、1日24時間ミュージック・ビデオを流し続けるようになったからといわれる。しかし日本ではそのような番組は期待できず、ミュージック・ビデオは地上波テレビの深夜放送で多少取り上げられる程度だったため、肝心の音楽ファンが観ることができる機会は限られた。

そのような状況をカバーするために日本のレコード会社が熱心に展開したのが、全国の主要都市の小ホールやレコード店内で、音楽ファン向けにビデオ・コンサートを開くことだった。エピック・ソニー社では〝ビデコン〟という会員組織を作り、ビデオ・コンサートを全国各地で展開した。ビクターでは〝キャピタゴン〟という名称で同様のことをおこなった。

また音楽ビデオそのものを商品として売ることについても、レコード会社の期待どおりの結果は望めなかった。特に新人アーティストの売り出しのために作るビデオは、宣伝のための道具で終わってしまうことも多かった。そのためレコード会社が安心して資金を投入できるのは、すでに人気が定着している大物の歌手やバンドの新曲に限られる傾向にあった。彼らのビデオは宣伝の道具であると同時に商品としても売れる確率が高く、高額の制作費を投入することができた。その音楽ビデオを1枚（1本）でも多く売るために、レコード会社は音楽ビデオをレンタル禁止商品にした。それはＣＤのレンタルを認めざるを得なくなって、ＣＤの売上が阻害されたことへの反省からである。

音楽の分野にビデオという映像メディアが登場したことによって、音楽の作り手であるアーティストにとっては、音楽が聴かせるだけのものから、観せるものにもなったという大きな変化が起こった。それによって音楽の作り方や表現方法は変化し多様化した。いっぽう音楽の受け手である聴衆にとっても、音楽は聴くだけのものから、観て楽しむものになった。それは音楽の本来の楽しみ方なのかもしれない。日本における１９７０年代から90年代にかけての流行歌の隆盛は、テレビ映像とのタイアップや音楽ビデオによって、映像と音楽の結びつきが従来にもまして強くなったことが要因となったことが、この点からも確認できる。

8

何が起こったのか

～21世紀に流行歌に訪れた急激な退潮

20世紀初頭（大正時代初期）に誕生し、20世紀を通して発展してきた日本の流行歌も、21世紀という新しい時代に入った途端に取り巻く状況は一変した。レコード業界に起こったのは、市場の急激な縮小であった。

左のグラフからもわかるように、20世紀末に6000億円の大台を記録した市場は、21世紀に入った最初の5年間で3000億円台へ急降下した。6000億円のうち、約3分の2の4000億円前後を占めていた流行歌の市場も、約2500億円に下落したとみられる。

それは100万枚以上売れたCDの作品数、いわゆるミリオン・セラーの急激な減少にも反映されている。ミリオン・シングルCDの作品数は、90年代後半には毎年20曲前後も出現していたが、2000年をすぎる頃には急激に減少し、毎年1～2曲になった。

このようなレコード＝CD市場の不振は、そのなかでも大きな比重を占めていた流行歌の動向をみると、原因がもう少しはっきりとみえてくるのではないかと思われる。そこには長らく人々の生活とともにあった、流行歌のあり方に急激な変化が起こったのではないだろうか。

どのような変化が起こったのか、なぜ起こったのか。そして今後はどうなっていくのか。

日本市場のオーディオ・レコード &CD 生産額の推移

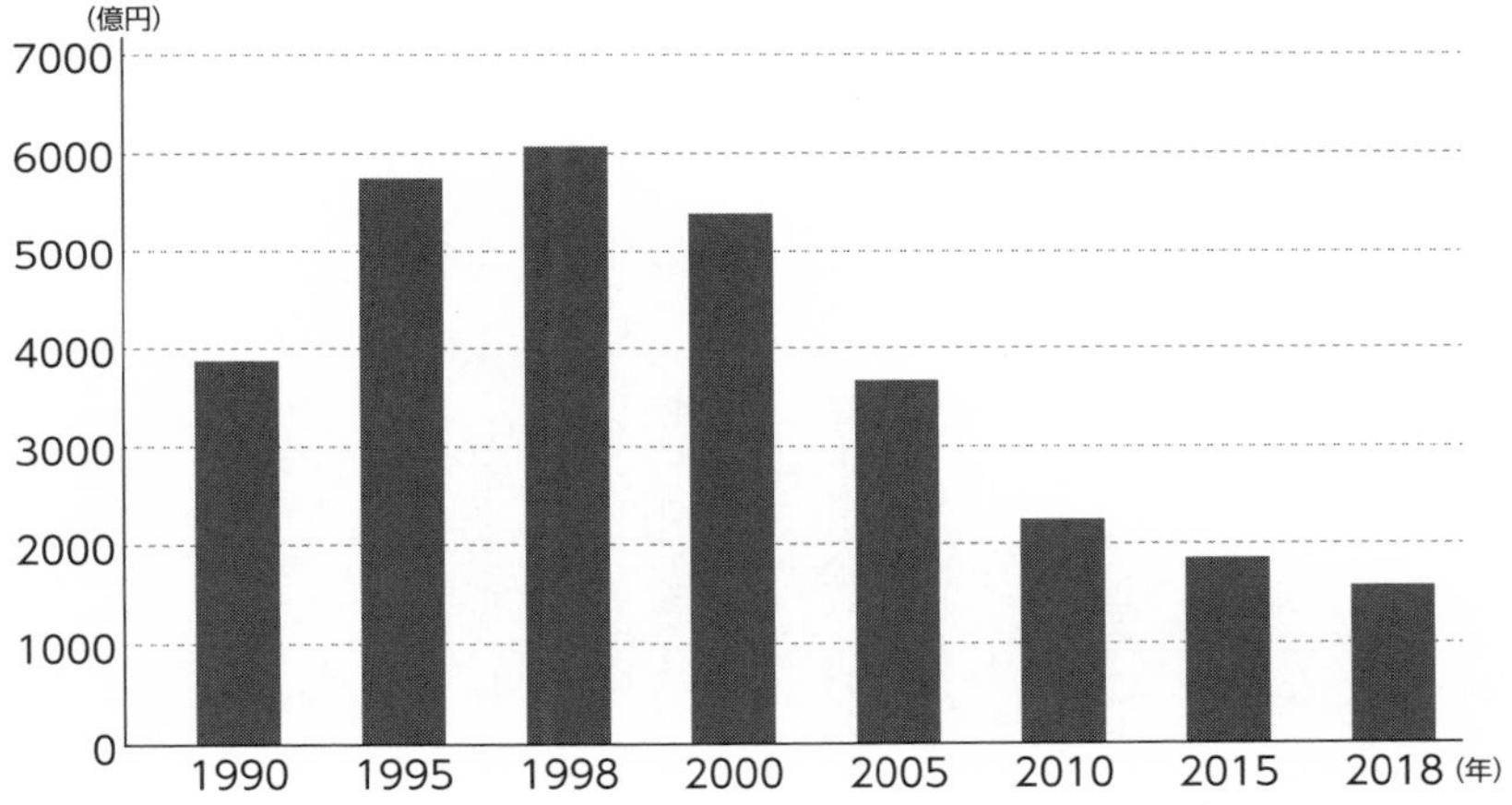

出典：日本レコード協会 統計資料

ミリオンセラー作品の出現数の推移

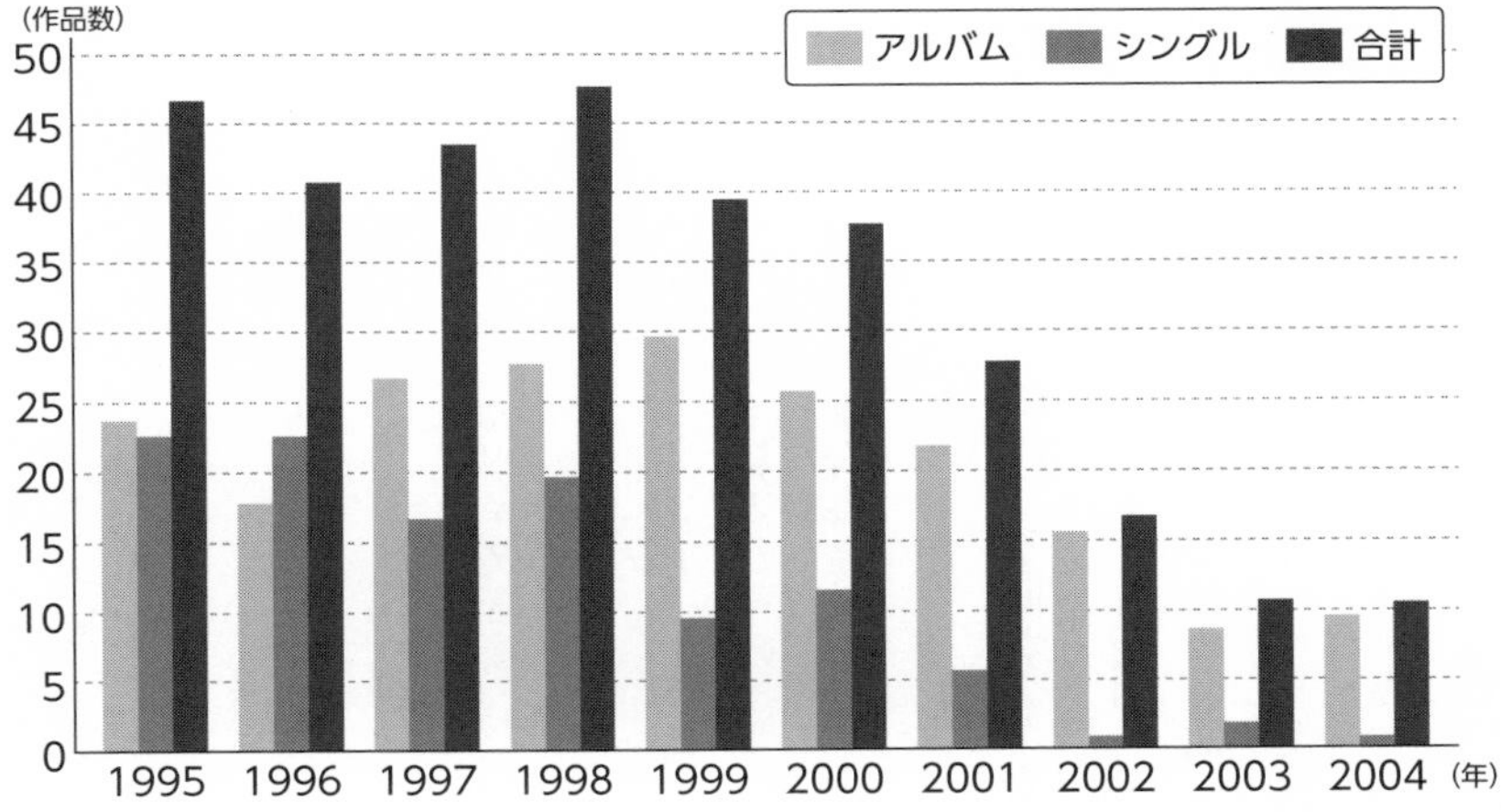

出典：日本レコード協会 統計資料

1 「レコード大賞」「紅白歌合戦」の様変わり

20世紀型の流行歌のピークの時期だったともいえる1970～80年代は、テレビの歌番組の全盛期でもあった。すでにみたようにフジテレビの「夜のヒットスタジオ」、TBS「ザ・ベストテン」に代表されるランキング発表形式による流行歌の生番組は、視聴率40％台を記録することもあり、人々はこれらの番組を通じて、多くの流行歌を共有した。

この時代は毎年のヒット曲の王座を争う、歌謡大賞や有線大賞などの賞取り合戦も白熱し、人々の注目を引き付けた。もっとも注目されたのはレコード大賞で、毎年の結果発表とその授賞式はTBS放送が「輝く！日本レコード大賞」のタイトルで中継し、NHK紅白歌合戦と並んで年末の恒例の歌番組として、高視聴率をあげていた。ファンは結果を予想し合いながら番組を楽しんだ。

しかし流行歌の不振の流れのなかで、誰もが知っていてヒット曲だと納得する曲が少なくなると、レコード大賞への注目度は年を追うごとに低下した。毎年、大賞候補としてノミネートされる曲のどれもが、テレビを観ている視聴者のほとんどが知らない曲で、番組で聴いて初めて知るということも多くなった。このような状態になると、大賞を受賞したりノミネートされたりした曲がテレビ放送されたためにヒットが加速したり、CDが売れたり、ファンが増えたりするという、レコード大賞が当初から期待されていた効果はほとんどなくなり、このイベントの存在意義も年を追うごとに薄らいできた。

「NHK紅白歌合戦」のあり方も、変わらざるを得ない状況に追い込まれてきた。かつてはその年にヒット曲を持つ歌手やグループだけが、激しい選抜競争に勝って出演する、毎年の締めくくりの恒例イベントだった。その視聴率の高さから、国民的イベントといわれることもあった。

しかし最近では、出演する歌手のほとんどがその年に自分のヒット曲がなかったという状況が生まれている。ヒット曲はおろか新曲を発表しなかった歌手まで出演するようにもなった。近年では、紅白歌合戦でその年の自分たちの新曲を歌った歌手やグループは、出場者の約半数にすぎず、それらの新曲もヒットした曲は少ない。過去のヒット曲や、新曲を装った古いヒット曲のリメークを歌う歌手も多く、まさに〝懐《なつ》メロ紅白歌合戦〟の様相を呈するようになってしまった。

振り返れば、50年前の1972（昭和47）年には、出演歌手（グループ）46人のうち41人が、その年の自分の新曲でヒットした曲を歌った。それらのヒット曲はその年のヒットチャートを賑わした正真正銘のヒット流行歌だった。この時期は流行歌の最初のピーク期であり、紅白歌合戦の視聴率は80％台を誇っていた。

少し前までは、普段はバラバラに行動している家族が、年末年始だけは居間に集まって同じテレビ番組を観るという風景も残っていたが、今ではそういう家族はほとんどなくなってしまった。

〝レコ大〟も〝紅白〟も家族をテレビの前に集めることはできなくなった。それは家族のあり方、個人の生活が変わってしまったということもあるだろうが、そのために家族全員が知るようなヒット曲がなくなってしまったということが、直接的な原因だろう。このような時代になって、流行歌はテレビという強力な媒体から見放され、その大きな影響力を利用できなくなってしまったといえる。

2 音楽配信がもたらした音楽の価値の低下

20世紀の終焉が近づくと、情報のデジタル化が急激に進むことになったのだが、そのためにレコード会社はＣＤで市場に売り出していた音楽を、ネット配信によってユーザーに売ることへと切り替えを迫られるようになった。それまではシングルＣＤ盤として1枚1000～1200円で売っていた楽曲を、配信でも同じ価格で売ることができれば問題はなかった。しかしジャケットもディスクも流通コストも不要な配信では、音だけをネットを通してユーザーに届ければよいということもあって、販売価格は大幅に低下した。そのため音楽を販売する市場のスケールをこれまでどおり維持することは困難になった。

2003（平成15）年には、アメリカでアップル・コンピュータによるアイチューンズ・ミュージック・ストアがスタートした。端末機器としてiPod《アイポッド》が売り出され、ネット配信による音楽販売が本格的に始まり、2005（平成17）年には日本にも上陸した。アップルはアメリカでは1曲99セント（約100円）という低価格を打ち出し、日本では交渉の結果、少し上乗せされたがそれでも1曲350円という低価格のスタートとなった。これが日本のネット配信による音楽の販売価格のモデルになってしまい、日本企業の配信事業もこのレベルの低価格でスタートせざるを得なくなった。そのためCDの市場は水を差され、急激に縮小する方向に向かった。こうなると「今まで日本のレコード会社は不当に高い価格でCDを売っていた」、あるいは「レコード会社は儲《もう》けすぎていた」、などといわれるようにもなった。

日本市場の音楽配信売上高の推移

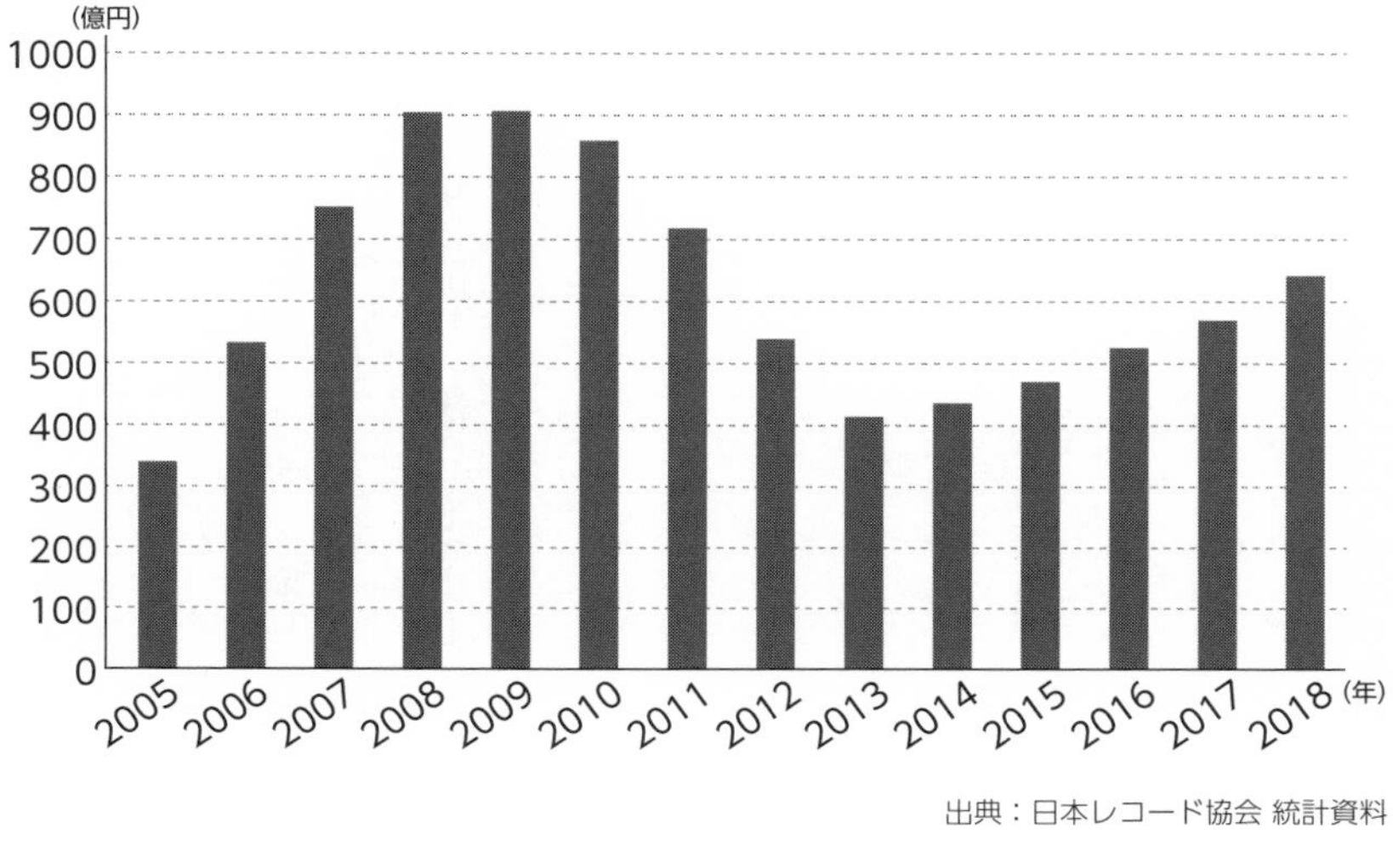

出典：日本レコード協会 統計資料

このためレコード会社は、音楽をCD時代のような価格で売ることはできなくなった。流行歌も例外ではなかった。音楽の低価格化は、音楽に関連する事業にとっての大きな収入減となった。流行歌の制作と販売を事業の中心におくレコード会社にとっては特に大きな打撃となった。それは日本の流行歌のあり方の大きな変化にもつながっていった。それによってレコード会社が窮地に追い込まれただけではなく、歌手や作詞家・作曲家などのアーティスト、プロダクション、音楽出版社、CDショップなど、あらゆる音楽関連企業の収入が減少して苦境に陥り、流行歌を中心に展開されてきた音楽ビジネスに赤信号が灯ることになった。

3 音楽を所有しなくなった音楽ファン

このようにCDから配信へという音楽メディアの変革によって、人々が持つ音楽の価値観に大きな変化が生まれたが、そこにはファンの音楽への接し方、楽しみ方が従来とは大きく変わる状況も生まれた。

そもそも音楽ファンは自分の好きな歌のレコード（CD）を購入して、それを繰り返し聴いて楽しんでいた。結果としてその曲の売上枚数が増え、ランキング順位があがりテレビやラジオや雑誌などで発表されるランキングの順位があがる。上位の曲はさらに繰り返し放送され、その曲のヒットの規模がさらに大きくなる。そのような仕組みのなかで流行歌は作られてきた。

しかし音楽配信の時代になって、このような仕組みも崩れることになった。最初のうちはダウンロード型の配信が主流で、まだファンはお金を払って音楽を買っていた。しかし２０１０年代になってストリーミング型の音楽配信が始まると、彼らは音楽を買わなくなった。

ここで現れたストリーミング型の音楽配信は、１か月ごとに定額の聴取料を支払えば、リストにある曲はどれでも何回でも聴くことができる。その際にダウンロードはせず、曲名をクリックして配信される音楽をそのまま聴く。これは新聞購読に似ているのでサブスクリプション型配信とも呼ばれる。ダウンロード型は楽曲を買うので保存すればユーザーの所有物になるが、ストリーミング型では楽曲を買うことはなく、契約が終われば聴くことはできなくなる。

このようなストリーミング型の音楽配信は２０１０年代の半ばから急増した。特に２０１５（平成27）年は設立ラッシュとなり、５月には、「AWA《アワ》」がスタート。６月には「LINE《ライン》 MUSIC《ミュージック》」もスタート。同月に「Apple《アップル》 Music《ミュージック》」が日本を含め約１００か国で開始された。「Apple《アップル》 Music《ミュージック》」ではサービス開始時は３０００万曲、その後５０００万曲をこえる曲数が配信可能になった。そして２０１６（平成28）年９月には満を持しての「スポティファイ」（スウェーデン発祥の音楽配信サービスの世界大手）が日本に上陸した。同社は広告表示で収入を得て楽曲提供は無料ということを武器に、世界で多くの会員を獲得している。

多くの音楽ファンがこのようなタイプの配信を利用するということは、音楽を買って所有するのではなく、一時的に借りて聴くということである。20世紀の音楽ファンは自分の好きな音楽はレコードやＣＤで買って、それを自分のものとして保管し、聴きたいときにプレーヤーにかけて聴き、ライブラリーが充実するのを楽しんでいた。音楽配信では、ダウンロードした曲をモバイル・プレーヤーに貯めて楽しむようになった。しかし今ではそのようなファンは少なくなった。２０１８（平成30）年にはついにストリーミング型の配信の売上が、ダウンロード型の売上を上回るという事態にもなった。

　しかしアーティストやプロデューサーのなかには、自分の音楽が安価で売られる音楽配信を嫌い、音楽配信への曲の提供を好まない者もいる。それにも増して自分の音楽がスーパーの野菜のように束ねられてレンタルされるという、ストリーミング型の音楽配信を嫌うアーティストはさらに多いと思われる。しかしそのような状況を受け入れざるを得ない方向に向いつつあることも事実である。

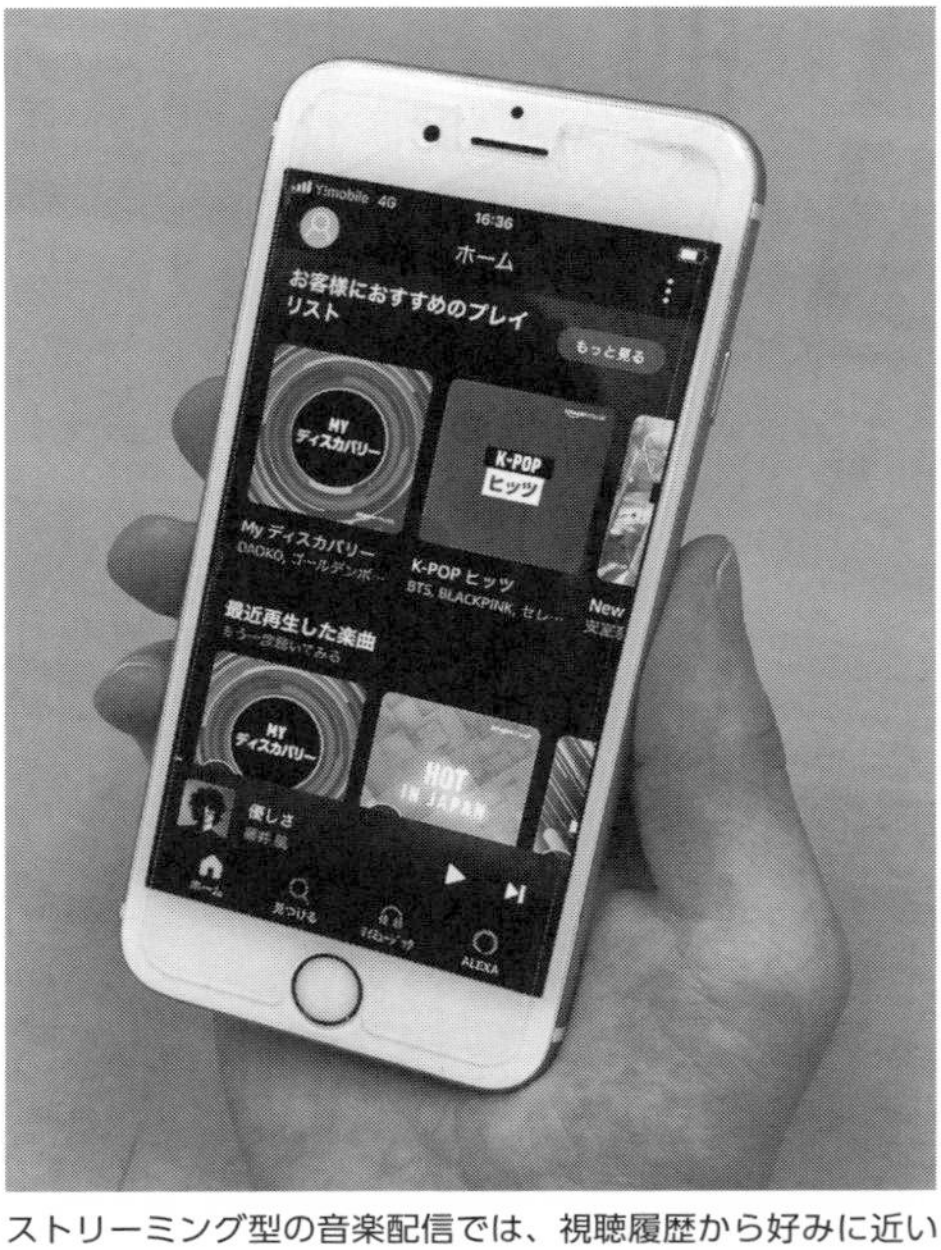

ストリーミング型の音楽配信では、視聴履歴から好みに近い楽曲や、人気のある曲を紹介してくれる機能もある。

4 音楽の作り方が変わった

音楽配信が出現してまもない頃、よくいわれたことがある。それは「音楽配信が広がることはアーティストにとって望ましいことだ。レコード産業の束縛から逃れ、自分のやりたい音楽を自由に作り、それを自分でネットを通じていつでもユーザーに直接発信ができる」というものだった。そのようなことが起こったのは確かだ。しかしそれは本当に喜ばしい状況になったといえるのだろうか。たしかにアーティストは自分の音楽を作ることも、それをネットで流すこともできるようになった。しかし多くのアーティストはより過酷な状況に追い込まれたのではないかと思われる。

自分の作りたい音楽を自由に作るということは簡単なことのようにも思える。デジタル機材の進歩によって1台の録音・編集機材があれば、音楽を作品として作り上げることは可能になった。場合によっては楽器もバック・ミュージシャンも演奏スペースも不要となり、エンジニアの技術もアーティスト自身が習得すればよくなり、自宅の一室での作業でも音楽は作れるようになった。そしてエンジニアやアーティストがひとりで経営するような小規模なワンルーム・スタジオも増えるようになった。そのあおりで従来はレコード会社や放送局などが経営していた、大型のレコーディング・スタジオのなかには撤退するところも少なくない。

このようにしてアーティストが簡単に音楽を作れるようになる環境は整っていった。アーティストはできあがった音楽をネットに流せばよいだけになった。しかしそのことは、多くのアーティストにとって決して望んでいた結果にはつながらなかった。このような状況が生まれても、日本のポピュラー音楽が活気づいたり、多くのヒット流行歌が生まれたりして、市場が活性化することにはなってはいない。そしてアーティストたちの多くも孤独な戦いのなかで、決して幸せにはなっていないのではないか。

20世紀後半の流行歌の全盛時代は、確かにアーティストはデビューするためには、メジャーレコード会社の狭き門を通過しなければならなかった。だが才能が認められたアーティストは、デビュー曲をヒットさせるという目的に向かって、レコード会社のディレクターがリードするチームのメンバーに支えられて活動することができた。それは音楽を作る段階から始まり、設備や技術力の充実したレコード会社のスタジオで、アーティストの魅力が充分に引き出されるまで、多くの分野にまたがる人々のアイデアと時間がつぎこまれた。

しかし状況は変わった。21世紀に入って約20年が経過した現在は、このようなレコード会社のスタッフを中心とするアーティストの育成チームはほとんど姿を消し、音楽産業が音楽を制作して売って行く機能はますます弱まりつつある。このような環境はアーティストにとって望ましいものとは決していえない。

5　コンサート市場の盛況と突然の躓《つまず》き

暗い話題の多くなった21世紀の音楽ビジネスの世界で、マスコミでもしばしば報道される明るいニュースも生まれた。それは音楽ライブの盛況である。流行歌の衰退傾向が強まり、音楽ソフト市場の不振が続くなかにあって、音楽ビジネスの分野で着実に右肩上がりに伸びてきたのが、ライブハウスやコンサート・ホールに音楽ファンが集まる、音楽ライブの市場である。

この市場は２０００（平成12）年頃から上昇が目立つようになり、同じ時期にＣＤ市場の下降が始まったのとは対照的だった。２０００年に８００億円だった日本のライブの市場規模は２０１０（平成22）年には１２００億円をこえ、２０１８年には３５００億円にまで上昇し、わずか8年間で約3倍に膨らんだ（図表）。

コンサート／ライブ年間売上額の推移（日本市場）

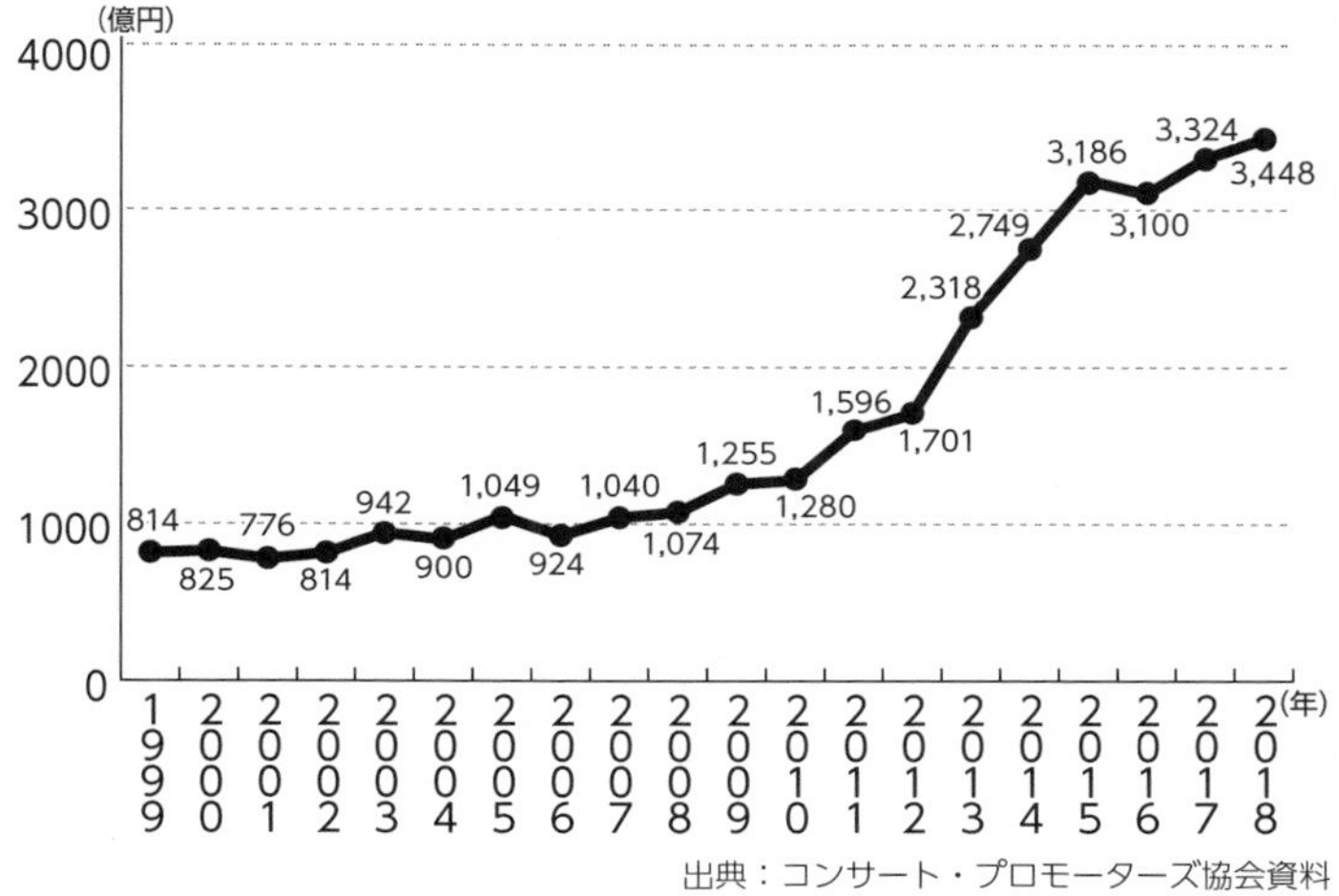

出典：コンサート・プロモーターズ協会資料

アメリカのトーマス・エジソンやエミール・ベルリナーによってレコードが発明され、日本に移入されたのは明治時代末期のことだが、まだレコードがない時代には、当時の新しい〝はやりうた〟は、路上や広場でのアーティストの実演、つまりライブで歌われ広がっていた。その意味では現在のライブの盛況は、100年以上前の明治時代の状況への〝先祖がえり〟が起こり始めたともいえる。CDや音楽配信など複製された音楽を楽しむよりも、ライブという生の音楽を楽しみたいという流れが、音楽ファンのあいだに生まれたとみることができる。

新たにライブに行くようになった音楽ファンには、従来までのライブに行っていた音楽ファンとは少し異なる傾向もみられる。特にAKB48に代表されるような、グループで活動するアイドルたちのファンにその特徴がみられる。彼らは従来のファンのように、アイドルの少女たちが歌ったり踊ったりする姿を、自分たちの手には届かないものとして憧れの目でみてはいない。少女たちは自分たちに近い存在であり、彼女たちを身近で応援したい、握手や話をして彼女たちを励ましたい、グッズを買うことで彼女たちを喜ばせたい、というような気持ちが強く、そのためにライブ会場に出かけていく。

さらに新しい形の音楽ライブも登場している。実際の演奏がされているコンサートを、離れた場所の劇場や映画館などにそのまま中継して、そこに集まったファンに聴かせるというものだ。これはライブ・ビューイングとも呼ばれる。「ライブ会場に行くのと同じ一体感を味わえて楽しい」という声も多く、好評に推移してきた。この流れはポピュラー音楽の幅広い分野で広がった。

しかしこのようなライブという音楽の表現でもあり楽しみ方でもある形態も、突然にその広がりに水を差されることになった。２０２０年の春に世界中を襲った、新型コロナ・ウィルスという伏兵の出現によるものである。それは人間の生活の根源ともいえる〝特定の場所に集まることの自由〟を奪い、我々の社会活動を大きく制約することになった。人々が集まらなければ成立しないライブという音楽活動も、その展開に赤信号がつくことになった。

人間と音楽の関係を今までどおりに続けられるようするために、今、音楽の世界では人々が知恵と力を出し合って音楽が生まれる場ともいえる〝ライブ〟をいかにして存続させるかの対応に追われている。そこではこれまでのような、〝リアルな場〟での音楽ライブだけではなく、〝オンライン〟によるライブが大きな役割を果たすこととなることも起こりうる。

ライブ・ビューイングのようす。

写真提供：株式会社ライブ・ビューイング・ジャパン

コロナ・ウイルスと人間の戦いは始まったばかりであり、どのように進んでいくのかは、現段階では先がみえていない。しかしその展開次第ではライブのあり方だけではなく、我々と音楽の関係に変化が生まれることも考えられる。流行歌の存続もそれと無関係ではないだろう。

9

流行歌はこのまま消えてしまうのか

これまでみてきたように、長らくレコード、CD、ラジオ、テレビで流行歌を聴いていた人々は、インターネットの音楽配信や動画配信の時代になって、流行歌を聴かなくなってしまったようだ。自分の好きな歌は聴くが、流行する歌に関心を示さなくなってしまったといえるかもしれない。このままでは流行歌は消滅してしまうのではないかという危惧を持たざるを得ない。果たしてどうなるのだろうか。

20世紀の日本は、関東大震災や太平洋戦争という不幸な社会の破壊があったが、それを乗りこえようと頑張った。国民の多くが国を立て直そうという共通の目的を持っていた。職場では団結し、家族は協力し合った。そこでは人々は人並みの生活を求め、共通のファッションを追った。そこに音楽も共有したいという流れが生まれ、流行歌が発展した。

しかし社会が成熟した21世紀になると事情は変わった。社会の共通の目的は薄れて、人々は自分の幸せを求めるようになった。流行を追うことには興味を示さなくなり、自分の好きなものを求めるようになった。音楽についても同じことがいえる。音楽メディアもデジタル化が進み、個人で好きな曲が楽しめるモバイル機器の開発や、各種の配信サービスが進んでいる。みんなが歌を共有するという環境は少なくなってきたといえるだろう。こう考えると誰もが知り誰もが好むような、20世紀型の流行歌はもう生まれないのではないか、という考えも頭をよぎる。

これに関連して、なかにし礼は前掲の自著のなかで、こういっている。
「歌謡曲の時代は終わった。あとに残るのは、細分化された、せまいコミュニティのなかでのみ熱狂を呼ぶ音楽である」

ここでいわれている〝せまいコミュニティのなかの音楽〟とはどういうものなのだろうか。多分それは従来の流行歌のように、幅広いファンが共有する音楽ではなく、ある集団のなかの人々だけに熱烈に好まれ、共有される曲やアーティストのことだと思われる。それは特定の場所で開かれるライブに集まる人々や、インターネットのなかで同じ音楽やアーティストに共感する人々の集まりで、そういうクローズドな場所がいくつも生まれて、それぞれの場所で熱狂的に聴かれる音楽が生まれているということだろう。

特にインターネットのなかで聴かれている楽曲は、これまでのCDのベストセラー売上枚数をはるかに上回る回数のダウンロード数やストリーミングの聴取を記録するものも少なくない。それは発表される曲目別のダウンロード・ランキング等にも現れている。またAKB48やその類似グループの例のように、新しい形のライブを中心にして、支持するファンのコミュニティが全国各地に作られ、そこからヒット曲を生み出すという流れも生まれている。

〝せまいコミュニティのなか〟にいるファンだけが熱心に聴いている音楽は、コミュニティの外にいる多くの人々にとっては、どんな音楽なのかはわかりにくい。ネットのなかでだけ聴かれる音楽は、周囲の人々の耳には聴こえてこないからである。またライブ会場で歌われる音楽も、その場にいない人にはどのようなものかはわかりにくい。

しかしこのように〝せまいコミュニティのなか〟にいるファンだけに限定されるとはいえ、人々に共通して好まれる歌が生まれているということは、日本人はもうみんなで共有する歌を持てなくなった、と断定するにまだ早すぎるのではないかとも思われる。歌やアーティストを共有する人々のコミュニティは増えており、そのなかには〝せまいコミュニティ〟といえない規模に育っているものもみられる。

こうした流れには今後はコロナ禍の動向も関連するかもしれない。コロナ禍が沈静化に向かうことが遅れれば、人が集まらないと成立しないライブ会場のコミュニティは生まれにくくなるだろう。しかしそれとは逆に、人が集まることを必要としないネットのなかのコミュニティは、数も規模も拡大していくだろう。そこに生まれるのはこれまでの音楽配信という概念をこえた、ネットという環境のなかに生まれる新しい音楽のあり方かもしれない。

このように〝せまいコミュニティのなか〟にいるファンだけに限定されるとはいえ、人々に共通して好まれる歌が生まれているということは、日本人はもうみんなで共有する歌を持てなくなった、と断定するにはまだ早すぎるのではないかとも思われる。歌やアーティストを共有する人々のコミュニティは増えており、そのなかには〝せまいコミュニティ〟といえない規模に育っているものもみられる。そのような大きなクラスターを作る力のあるアーティストが出現するとき、そこに流行歌が復活する可能性もあるのではないかと思われる。

21世紀の日本人は自分の好きなものだけを求めるようになった、流行を追うことには興味を示さなくなった、と決めつけることについても、もう少し考えてみる必要がある。

たとえばこのところの映画の観客の動向には注目すべき変化がみられる。それは次のような数字から確認できる。２００１年度の日本の映画観客数は１・３億人、興行収入は１７０８億円であったのに対して、２０１０年度には１・７億人、２２０７億円に増えた。そして２０１９年度には１・９億人、２６１２億円となり過去最高を記録した。テレビやビデオの出現で、映画館から遠ざかっていた映画ファンが、映画館に戻ってきたといえる。

さらに注目すべきことは、観客が大型のヒット映画に集中する傾向がみられることである。なぜそういえるのか。日本の「歴代映画興行収入額ベスト10」のタイトル、公開年度、は次のとおりである。（日本映画製作者連盟・発表資料による）

1位「千と千尋の神隠し」２００１年
2位「タイタニック」１９９７年
3位「アナと雪の女王」２０１４年
4位「君の名は。」２０１６年

5位「ハリー・ポッターと賢者の石」２００1年　6位「ハウルの動く城」２００4年
7位「もののけ姫」１９９7年　8位「踊る大捜査線 The Movie2」２００3年
9位「ハリー・ポッターと秘密の部屋」２００2年　10位「アバター」２００9年

これらの作品は21世紀になってから、あるいはその直前に公開されたものばかりである。21世紀といえば、その初頭には音楽の市場ではＣＤの売上が急速に縮小を始め、大型のヒット曲が急になくなってしまった時期である。このように流行歌が不振に追い込まれた時期に、映画のほうではアニメーションを中心に、従来にはない大型のヒット作品があいついで出現し、人々は各地の映画館やシネコンに詰めかけ、興行成績の記録が塗り替えられる盛況となった。〝そんなにヒットしている映画なら私も観たい〟ということだろう。

注目すべきことは、この時期には音楽ファンのほうは、コンサートやライブに足を運ぶことが多くなったということだ。映画ファンは映画館に出かけ、音楽ファンはライブハウスやコンサート・ホールに出かける。両方とも人が集まるイベントの場に足を運ぶようになった。そのなかで映画の観客のほうは一足先に大型ヒット作品に魅かれるようになり、観客動員の記録が更新される作品があいついで出現することにもなった。

このことから、趣味趣向の世界では人々は話題を呼んでいるもの、他人が勧めるもの、流行しているものに興味を持つという傾向が依然としてあることがわかる。ゲームやおもちゃ、洋服やファッションなどにも同じことがいえるのではないか。

音楽の世界にもこのようなことは起こりうるのではないだろうか。日本人はもうみんなで共有する歌を持てなくなった、と断定することはまだ早すぎるのではないか。今は一時的にそのような歌が生まれにくい状況になっているだけではないだろうか。

ポピュラー音楽のタンゴの愛好家でもあり、その復活を願っていることをいろいろな場で発言したり、文章に書いてきたりした作家の五木寛之は、タンゴが日本でほとんど聴かれなくなったことについて、「タンゴは消滅したのではなく、地下に潜《もぐ》っているのであり、再び地上に戻るチャンスを虎視眈々《こしたんたん》と狙っている」といった。

そしてまもなくタンゴは、天才バンドネオン奏者であり作曲家でもあるアストル・ピアソラの出現と、「タンゴ・アルヘンティーノ」の世界的ヒット、そしてそれに伴うダンスとしてのタンゴの世界的な復活という形で蘇《よみがえ》った。

このようなことが流行歌にも起こりうるのではないか。今、流行歌がネットのなかのコミュニティや、特定のライブでのみ聴かれていて部外者には聴こえてこないということは、タンゴが地下に潜っていたときの状況に似通っている。流行歌もまた地上に現れるはずである。それが、どこからどのように現れるかはわからないけれども。このように考えるのは楽観的すぎるだろうか。

あとがき

「流行歌は昭和の時代とともに消えてしまった」という見方があるいっぽうで、「流行歌は消滅したのではなく、そのあり方が変わりつつある」という見方ができる。あるいは、「一時的に消えているだけで近い将来に復帰する」という見方もできる。

また「歌は世につれ」ということが今後もあるとすれば、流行歌のこれからは、世の中がどうなっていくかによって決まるということになる。しかしその予測は難しい。現に本書の原稿を執筆している２０２０年の前半には、〝コロナ禍〟という予想もしなかった事態が発生し、社会のあり方に大きな不安と変動が起こり始めた。それは音楽の分野にも及び、本書の第8章で言及しているように、21世紀に入ってからのライブやコンサートの活況も、急激に水を差されるという事態が起こった。これは今後の音楽全体のあり方を左右する大きな問題に発展する気配が濃厚だ。

このようなこともあって、本書の第9章の流行歌の今後についての記述は、正直なところあまり自信がない。しかし日本の流行歌が20世紀の１００年間にあれほど発展し、人々に愛されるようになったのはなぜか、それほど愛されてきた流行歌が１００年を経た途端に人々の心から離れてしまいつつあるのはなぜなのか、ということについては充分に意を尽くしたつもりである。

もちろん日本の流行歌の歴史については、これまでにも多くの研究家が取り組み、貴重な成果を

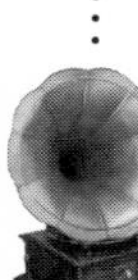

書籍や論文で残している。それを承知の上で筆者が今回挑戦したのは、日本の流行歌の発展経過を〝音楽メディアの進歩〟と、それに伴う〝レコード産業の発展〟に関連づけてみていくということだった。このような視点は、これまでにあまり試みられていなかったと思う。

本書の執筆に当たっては、多くの皆様にご協力とお世話をいただいた。筆者のレコード会社（ビクターエンタテインメント）勤務時代の同僚であった福田和久氏、第2章で取り上げた三光堂の創始者の松本武一郎氏の親族である松本敦雄氏、金沢市の金沢蓄音器館館長の八日市屋典之氏からは、多くの情報や資料、写真の提供とアドバイスをいただいた。またイラストレーターの山上波子氏には演歌師のイラストなどを描いていただいた。皆様にお礼を申し上げたい。

さらにポピュラー音楽研究の権威である、大阪大学の輪島裕介先生、東京藝術大学の毛利嘉孝先生、愛知県立芸術大学の東谷護先生、大阪市立大学の増田聡先生、国際日本文化研究センターの細川周平先生、関西大学の小川博司先生には、著作やインタビューを通して貴重な情報をいただいた。皆様に深く感謝している。

最後になって恐縮だが、本書の出版を実現していただいた、ミネルヴァ書房の杉田啓三社長、及び柿山真紀さんに感謝の意を表するとともに、本書の編集、制作でお世話になった二宮祐子さんをはじめ、こどもくらぶ、今人舎の方々にお礼を申しあげたい。

２０２０年８月　　生明俊雄

参考文献

生明俊雄、2004『ポピュラー音楽は誰が作るのか～音楽産業の政治学』勁草書房
生明俊雄、2016『二十世紀日本レコード産業史～グローバル企業の進攻と市場の発展』勁草書房
生明俊雄、2018『タンゴと日本人』集英社新書
麻生香太郎、2013『誰がJ-POPを救えるか』朝日新聞出版
五木寛之、1987『ふり向けばタンゴ』文芸春秋
井手口彰典、2009『ネットワーク・ミュージッキング』勁草書房
稲増龍夫、1989『アイドル工学』筑摩書房
烏賀陽弘道、2005『Jポップとは何か―巨大化する音楽産業』岩波新書
円堂都司昭、2013『ソーシャル化する音楽』青土社
岡田則夫、2001『英国グラモフォンレコード』東芝EMI（CD全集「日本吹込み事始」ライナーノーツ）
小川博司、1993『メディア時代の音楽と社会』音楽之友社
長田暁二、1978『わたしのレコード100年史』英知出版
長田暁二、2003『歌でつづる20世紀～あの歌が流れていた頃』ヤマハミュージックメディア
加太こうじ、1981『流行歌論』東書選書
菊池清麿、2008『日本流行歌変遷史』論創社
菊池清麿、2016『昭和演歌の歴史～その群像と時代』アルファベータブックス
岸本裕一／生明俊雄、2001『J-POPマーケティング～IT時代の音楽産業』中央経済社
貴志俊彦、2013『東アジア流行歌アワー～越境する音　交錯する音楽人』
キングレコード編、1991『キングレコードの60年』
倉田喜弘、1979～1992『日本レコード文化史』東書選書
倉田喜弘、2001『はやり歌の考古学～開国から戦後復興まで』東書選書
神戸新聞編、1997　連載記事『関西発 レコード120年』神戸新聞社
高護、2011『歌謡曲～時代を彩った歌たち』岩波新書
五歩一勇、1995『シャボン玉ホリデー』日本テレビ放送網
古茂田信男／島田芳文／矢沢寛／横沢千秋、1994『新版　日本流行歌史（上）』社会思想社
佐藤良明、1999『J-POP進化論「ヨサホイ節」から「Automatic」へ』平凡社新書
瀬川昌久／大谷能生、2009『日本ジャズの誕生』青土社
園部三郎、1980『日本民衆歌謡史考』朝日選書

高島弘之、１９８１『ヒットチャートの魔術師』紀尾井書房
田川律、１９９２『日本のフォーク&ロック史～志はどこへ』シンコー・ミュージック
田家秀樹、１９９９『読むJ-POP 1945～1999私的全史』徳間書店
津田大介／牧村憲一、２０１０『未来型サバイバル音楽論』中央公論新社
津田大介、２０１３『ニュー・インディペンデントの時代が始まる』スペースシャワー・ブックス
テイチク株式会社 社史編纂委員会、１９８６『レコードと共に五十年』
東谷護、２００５『進駐軍クラブから歌謡曲へ』みすず書房
なかにし礼、２０１１『歌謡曲から「昭和」を読む』ＮＨＫ出版
中村とうよう、１９９９『ポピュラー音楽の世紀』岩波書店
なぎら健壱、１９９５『日本フォーク私的大全』筑摩書房
日本コロムビア編、１９６１『コロムビア50年史』
日本ビクター株式会社60年史編集委員会 編、１９８７『日本ビクターの60年』
日本レコード協会50周年委員会、１９９３『日本レコード協会50年史』日本レコード協会
日本レコード協会編、１９９５～２００２『日本のレコード産業』１９９５年版～２０００年版
野口不二子、２０１２『郷愁と童心の詩人 野口雨情伝』講談社
速水健朗、２００７『タイアップの歌謡史』洋泉社新書
平岡正明、１９８９『大歌謡論』筑摩書房
細川周平、１９８９～１９９０「西洋音楽の日本化・大衆化」『ミュージック・マガジン』
細川周平、２００１「ガイスバーグという事件」東芝ＥＭＩ（ＣＤ全集『日本吹込み事始』ライナーノーツ）
増田聡／谷口文和、２００５『音楽未来形』洋泉社
丸山鐵雄、１９８０「放送と流行歌」日本コロムビア（ＬＰ企画『昭和ＳＰ時代の流行歌』ライナーノーツ）
毛利嘉孝、２００７『ポピュラー音楽と資本主義』せりか書房
森垣二郎、１９６０『レコードと五十年』河出書房新社
森本敏克、１９７５『音盤歌謡史（れこおどはやりうた）』白川書院
山口亀之助、１９３５『レコード文化発達史第一巻』
山本茂実、１９９４『カチューシャ可愛や 中山晋平物語』大月書店
山本進、２００１「ガイスバーグの足跡」東芝ＥＭＩ（ＣＤ全集『日本吹込み事始』ライナーノーツ）
湯浅正敏編、２０２０『メディア産業論』生明俊雄「第8章 音楽産業」ミネルヴァ書房
輪島裕介、２０１５『踊る昭和歌謡』ＮＨＫ出版
渡辺裕、２００２『日本文化 モダン・ラプソディ』春秋社
渡辺裕、２０１０『音楽は社会を移す』春秋社

巻末資料

この本で紹介している曲目一覧（年代順）

☆明治末期〜大正時代（1890〜1925）　（M＝明治　T＝大正　S＝昭和　H＝平成）

発表年号	曲名	歌手	作詞	作曲	掲載ページ
1891（M24）年	オッペケペー節	川上音二郎	川上音二郎	—	21、22、23
1907（M40）年	ハイカラ節	神長瞭月	神長瞭月	神長瞭月	24
1907（M40）年	松の声	神長瞭月	神長瞭月	神長瞭月	24
1914（T 3）年	カチューシャの唄	松井須磨子	島村抱月＆相馬御風	中山晋平	8〜12、24〜28、30〜36、40、50、51、61、76、82
1915（T 4）年	ゴンドラの唄	松井須磨子	吉井勇	中山晋平	10、28、36、50、61
1917（T 6）年	さすらひの唄	松井須磨子	北原白秋	中山晋平	10、28、50、61、76
1922（T11）年	籠の鳥	歌川八重子	千野かおる	鳥取春陽	77
1923（T12）年	船頭小唄	中山歌子	野口雨情	中山晋平	35〜38、61、77

☆昭和元年〜昭和10年（1925〜1935）＝昭和初期・流行歌成長期

発表年号	曲名	歌手	作詞	作曲	掲載ページ
1928（S 3）年	アラビアの唄	二村定一	（訳）堀内敬三	F・フィッシャー	67
1928（S 3）年	君恋し	二村定一	時雨音羽	佐々紅華	59、60、77、78
1928（S 3）年	道頓堀行進曲	井上起久子	日比繁次郎	塩尻精八	53
1928（S 3）年	波浮の港	佐藤千夜子	野口雨情	中山晋平	59、61、82
1928（S 3）年	鉾をおさめて	藤原義江	時雨音羽	中山晋平	82
1928（S 3）年	モン・パリ	宝塚少女歌劇団	（訳）岸田辰弥	V・スコット	67
1928（S 3）年	私の青空	二村定一	（訳）堀内敬三	W・ドナルドソン	67
1929（S 4）年	愛して頂戴	佐藤千夜子	西條八十	松竹蒲田音楽部	60、78
1929（S 4）年	ヴァレンシア	二村定一	（訳）堀内敬三	J・P・サンチェス	66
1929（S 4）年	沓掛小唄	川崎豊＆曽我直子	長谷川伸	奥山貞吉	78
1929（S 4）年	洒落男	二村定一	（訳）坂井透	F・クルーミット	67
1929（S 4）年	東京行進曲	佐藤千夜子	西條八十	中山晋平	59、61、77、78
1929（S 4）年	浪花小唄	二村定一	時雨音羽	佐々紅華	60
1930（S 5）年	祇園小唄	藤本二三吉	長田幹彦	佐々紅華	78
1930（S 5）年	酋長の娘	大阪南地/富田屋喜久治	石田一松	石田一松	65
1930（S 5）年	すみれの花咲く頃	宝塚少女歌劇団	（訳）白井鐵造	F・デーレ	67
1931（S 6）年	丘を越えて	藤山一郎	島田芳文	古賀政男	63、64
1931（S 6）年	キャンプ小唄	藤山一郎	島田芳文	古賀政男	63

1931（S 6）年	酒は涙か溜息か	藤山一郎	高橋掬太郎	古賀政男	62～64
1931（S 6）年	ちゃっきり節	市丸	北原白秋	町田嘉章	82
1932（S 7）年	影を慕いて	藤山一郎	古賀政男	古賀政男	63
1933（S 8）年	上海リル	唄川幸子	（訳）服部龍太郎	H・ウォーレン	53
1933（S 8）年	サーカスの唄	松平晃	西條八十	古賀政男	63
1933（S 8）年	山の人気者	中野忠晴&コロムビア・リズムボーイズ	（訳）本牧二郎	L・サロニー	67
1934（S 9）年	赤城の子守唄	東海林太郎	佐藤惣之助	竹岡信幸	65
1934（S 9）年	黒い瞳	ディック・ミネ	（訳）三根徳一	（編曲）三根徳一	68、116
1934（S 9）年	ダイナ	ディック・ミネ	（訳）三根徳一	ロシア民謡 H・アクスト	67、116
1935（S 10）年	小さな喫茶店	中野忠晴	瀬沼喜久雄	F・レイモンド	68
1935（S 10）年	緑の地平線	楠木繁夫	佐藤惣之助	古賀政男	64
1935（S 10）年	二人は若い	ディック・ミネ	サトウハチロー	古賀政男	64
1935（S 10）年	カスタネットタンゴ	藤川光男	奥野椰子夫	服部良一	53

☆昭和11年～20年（1936～1945）＝昭和中期〈Ⅰ〉流行歌発展期

発表年号	曲名	歌手	作詞	作曲	掲載ページ
1936（S 11）年	うちの女房にゃ髭がある	杉狂児＆美ち奴	星野貞志	古賀政男	64
1936（S 11）年	東京ラプソディ	藤山一郎	門田ゆたか	古賀政男	73
1936（S 11）年	椰子の実	東海林太郎	島崎藤村	大中寅二	83
1937（S 12）年	あゝそれなのに	美ち奴	星野貞志	古賀政男	64
1937（S 12）年	裏町人生	上原敏＆結城道子	島田磐也	阿部武雄	71
1937（S 12）年	人生の並木路	ディック・ミネ	佐藤惣之助	古賀政男	64
1937（S 12）年	マロニエの木蔭	松島詩子	坂口 淳	細川潤一	65、71
1937（S 12）年	若しも月給が上ったら	林伊佐緒&新橋みどり	山野三郎（サトウハチロー）	北村 輝	65
1937（S 12）年	リンゴの木の下で	ディック・ミネ	（訳）柏木みのる	ハリー・ウィリアムズ	67、116
1937（S 12）年	露営の歌	霧島昇 他	薮内喜一郎	古関裕而	72
1937（S 12）年	別れのブルース	淡谷のり子	藤浦洸	服部良一	69
1938（S 13）年	雨のブルース	淡谷のり子	野川香文	服部良一	69
1938（S 13）年	或る雨の午后	ディック・ミネ	和気徹	大久保徳二郎	71
1938（S 13）年	支那の夜	渡辺はま子	西條八十	竹岡信幸	73
1938（S 13）年	上海の街角で	東海林太郎	佐藤惣之助	山田栄一	71
1938（S 13）年	旅の夜風	霧島昇&ミス・コロムビア	西條八十	万城目 正	73
1938（S 13）年	人の気も知らないで	淡谷のり子	（訳）奥山靉	G・ゾカ	68

1938(S 13)年	麦と兵隊	東海林太郎	藤田まさと	大村能章	72
1939(S 14)年	上海の花売娘	岡晴夫	川俣栄一	上原げんと	73
1939(S 14)年	上海ブルース	ディック・ミネ	島田磬也	大久保徳二郎	69
1939(S 14)年	鈴蘭物語	淡谷のり子	藤浦洸	服部良一	71
1939(S 14)年	同期の桜(戦友の唄)	樋口静雄	西條八十(原詞)	大村能章	72
1939(S 14)年	夜のプラットホーム	淡谷のり子	奥野椰子夫	服部良一	70
1939(S 14)年	夢去りぬ(Love's Gone)	ヴィック・マックスウェル	ヴィック・マックスウェル	R・ハッター	71
1940(S 15)年	暁に祈る	伊藤久男	野村俊夫	古関裕而	72
1940(S 15)年	湖畔の宿	高峰三枝子	佐藤惣之助	服部良一	69
1940(S 15)年	蘇州夜曲	渡辺はま子＆霧島昇	西條八十	服部良一	73
1940(S 15)年	隣組	徳山璉	岡本一平	飯田信夫	83
1941(S 16)年	めんこい仔馬	二葉あき子	サトウハチロー	仁木他喜雄	83
1942(S 17)年	新雪	灰田勝彦	佐伯孝夫	佐々木俊一	73
1942(S 17)年	鈴懸の径	灰田勝彦	佐伯孝夫	灰田有紀彦	73
1942(S 17)年	婦系図の歌(湯島の白梅)	小畑実＆藤原亮子	佐伯孝夫	清水保雄	73
1943(S 18)年	お使いは自転車に乗って	轟夕起子	上山雅輔	鈴木静一	73
1943(S 18)年	勘太郎月夜歌	小畑実＆藤原亮子	佐伯孝夫	清水保雄	73

☆昭和21年～44年(1946～1969)＝昭和中期〈Ⅱ〉流行歌復活＆発展期

発表年号	曲名	歌手	作詞	作曲	掲載ページ
1946(S 21)年	かえり船	田端義夫	清水みのる	倉若晴生	90
1946(S 21)年	リンゴの唄	並木路子	サトウハチロー	万城目 正	87～89
1947(S 22)年	啼くな小鳩よ	岡晴夫	高橋掬太郎	飯田三郎	90
1947(S 22)年	港が見える丘	平野愛子	東辰三	東辰三	90
1947(S 22)年	山小舎の灯	近江俊郎	米山正夫	米山正夫	90
1947(S 22)年	夜霧のブルース	ディック・ミネ	島田磬也	大久保徳二郎	90
1948(S 23)年	憧れのハワイ航路	岡晴夫	石本美由起	江口夜詩	90
1948(S 23)年	異国の丘	竹山逸郎＆中村耕造	増田幸治	吉田正	90
1948(S 23)年	君待てども	平野愛子	東辰三	東辰三	90
1948(S 23)年	東京ブギウギ	笠置シヅ子	鈴木勝	服部良一	88、89
1948(S 23)年	湯の町エレジー	近江俊郎	野村俊夫	古賀政男	90
1949(S 24)年	河童ブギウギ	美空ひばり	藤浦洸	浅井挙曄	106
1949(S 24)年	悲しき口笛	美空ひばり	藤浦洸	万城目 正	106

1949(S 24)年	銀座カンカン娘	高峰秀子	佐伯孝夫	服部良一	89
1949(S 24)年	長崎の鐘	藤山一郎	サトウハチロー	古関裕而	90
1949(S 24)年	薔薇を召しませ	小畑実	石本美由起	上原げんと	90
1950(S 25)年	赤い靴のタンゴ	奈良光枝	西條八十	古賀政男	90
1950(S 25)年	東京キッド	美空ひばり	藤浦洸	万城目 正	106
1951(S 26)年	上海帰りのリル	津村謙	東条寿三郎	渡久地政信	90
1951(S 26)年	情熱のルムバ	高峰三枝子	藤浦洸	万城目 正	90
1951(S 26)年	ひばりの花売娘	美空ひばり	藤浦洸	上原げんと	106
1952(S 27)年	お祭りマンボ	美空ひばり	原六朗	原六朗	106
1952(S 27)年	テネシー・ワルツ	江利チエミ	(訳)音羽たかし	スチュワート&キング	95
1952(S 27)年	トゥ・ヤング	江利チエミ	(訳)音羽たかし	S・リップマン	95
1952(S 27)年	リンゴ追分	美空ひばり	小沢不二夫	米山正夫	106
1953(S 28)年	想い出のワルツ	雪村いづみ	(訳)井田誠一	S・プローゼン	95
1953(S 28)年	小雨降る径	淡谷のり子	(訳)坂口淳	H・ヒンメル	68
1954(S 29)年	青いカナリヤ	雪村いづみ	(訳)井田誠一	V・C・フローリン	95
1954(S 29)年	オー・マイ・パパ	雪村いづみ	(訳)井田誠一	F・ブルックハード	95
1954(S 29)年	お富さん	春日八郎	山崎正	渡久地政信	110
1954(S 29)年	ひばりのマドロスさん	美空ひばり	石本美由起	上原げんと	106
1955(S 30)年	赤と黒のブルース	鶴田浩二	宮川哲夫	吉田正	114
1955(S 30)年	あの娘が泣いてる波止場	三橋美智也	高野公男	船村徹	112
1955(S 30)年	おんな船頭唄	三橋美智也	藤間哲郎	山口俊郎	112
1955(S 30)年	この世の花	島倉千代子	西條八十	万城目 正	107
1955(S 30)年	東京の人	三浦洸一	佐伯孝夫	吉田正	114
1955(S 30)年	別れの一本杉	春日八郎	高野公男	船村徹	111、112
1956(S 31)年	哀愁列車	三橋美智也	横井弘	鎌多俊与	112
1956(S 31)年	早く帰ってコ	青木光一	高野公男	船村徹	111
1956(S 31)年	リンゴ村から	三橋美智也	矢野亮	林伊佐緒	112
1957(S 32)年	俺は待ってるぜ	石原裕次郎	石崎正美	上原賢六	115
1957(S 32)年	柿の木坂の家	青木光一	石本美由起	船村徹	111
1957(S 32)年	錆びたナイフ	石原裕次郎	萩原四郎	上原賢六	115
1957(S 32)年	東京午前三時	フランク永井	佐伯孝夫	吉田正	114
1957(S 32)年	東京だョおっ母さん	島倉千代子	野村俊夫	船村徹	107
1957(S 32)年	港町十三番地	美空ひばり	石本美由紀	上原げんと	106

1957(S32)年	有楽町で逢いましょう	フランク永井	佐伯孝夫	吉田正	114
1957(S32)年	夜霧の第二国道	フランク永井	宮川哲夫	吉田正	114
1958(S33)年	からたち日記	島倉千代子	西沢爽	遠藤実	107、137
1958(S33)年	西銀座駅前	フランク永井	佐伯孝夫	吉田正	114
1958(S33)年	無法松の一生	村田英雄	吉野夫二郎	古賀政男	108
1958(S33)年	夕焼けとんび	三橋美智也	矢野亮	吉田矢健治	112
1959(S34)年	黒い花びら	水原弘	永六輔	中村八大	101
1959(S34)年	古城	三橋美智也	高橋掬太郎	細川潤一	112
1960(S35)年	哀愁波止場	美空ひばり	石本美由起	船村徹	111
1960(S35)年	誰よりも君を愛す	松尾和子&和田弘&マヒナスターズ	川内康範	吉田正	113
1960(S35)年	ビキニスタイルのお嬢さん	ダニー飯田&パラダイス・キング	(訳)岩谷時子	P・バンス	96
1961(S36)年	上を向いて歩こう	坂本九	永六輔	中村八大	100
1961(S36)年	襟裳岬	島倉千代子	丘灯至夫	遠藤実	137
1961(S36)年	王将	村田英雄	西條八十	船村徹	108、111
1961(S36)年	銀座の恋の物語	石原裕次郎&牧村旬子	大高ひさを	鏑木創	115
1961(S36)年	スーダラ節	植木等	青島幸男	萩原哲晶	100
1961(S36)年	パイナップル・プリンセス	田代みどり	(訳)漣健児	シャーマン兄弟	96
1962(S37)年	ヴァケイション	弘田三枝子他	(訳)漣健児	H・ハンター	96
1962(S37)年	おもちゃのチャチャチャ	真理ヨシコ/中野慶子	野坂昭如	越部信義	133
1962(S37)年	可愛いいベイビー	中尾ミエ	(訳)漣健児	N・ニューマン	96
1962(S37)年	さよならとさよなら	島倉千代子	西沢爽	市川昭介	137
1962(S37)年	遠くへ行きたい	ジェリー藤尾	永六輔	中村八大	100
1962(S37)年	なみだ船	北島三郎	星野哲郎	船村徹	108
1962(S37)年	ハイそれまでョ	植木等	青島幸男	萩原哲晶	100
1962(S37)年	ふりむかないで	ザ・ピーナッツ	岩谷時子	宮川泰	99
1962(S37)年	星屑の町	三橋美智也	東条寿三郎	安部芳明	137
1962(S37)年	ルイジアナ・ママ	飯田久彦	(訳)漣健児	G・ピットニー	96
1963(S38)年	哀愁出船	美空ひばり	菅野小穂子	遠藤実	137
1963(S38)年	恋のバカンス	ザ・ピーナッツ	岩谷時子	宮川泰	99
1963(S38)年	こんにちは赤ちゃん	梓みちよ	永六輔	中村八大	100
1963(S38)年	佐渡の恋唄	三波春夫	たかたかし	弦哲也	137
1964(S39)年	アンコ椿は恋の花	都はるみ	星野哲郎	市川昭介	107
1964(S39)年	ウナ・セラ・ディ東京	ザ・ピーナッツ	岩谷時子	宮川泰	99

1964(S 39)年	俵星玄蕃	三波春夫	北村桃児	長津義司	137
1964(S 39)年	涙を抱いた渡り鳥	水前寺清子	有田めぐむ	いづみゆたか	109
1964(S 39)年	柔	美空ひばり	関沢新一	古賀政男	104、106、137
1965(S 40)年	あの娘と僕	橋幸夫	佐伯孝夫	吉田正	137
1965(S 40)年	帰ろかな	北島三郎	永六輔	中村八大	109、137
1965(S 40)年	君といつまでも	加山雄三	岩谷時子	弾厚作	131
1965(S 40)年	兄弟仁義	北島三郎	星野哲郎	北原じゅん	108
1965(S 40)年	ささやきのタンゴ	石原裕次郎	石巻宗一郎	バッキー白片	115
1965(S 40)年	涙の連絡船	都はるみ	関沢新一	市川昭介	108
1965(S 40)年	函館の女	北島三郎	星野哲郎	島津伸男	109
1965(S 40)年	フリフリ	ザ・スパイダース	かまやつひろし	かまやつひろし	102
1966(S 41)年	青い瞳	ブルー・コメッツ	橋本淳	井上忠夫	102、103
1966(S 41)年	女のためいき	森進一	吉川静夫	猪俣公章	114
1966(S 41)年	悲しい酒	美空ひばり	石本美由紀	古賀政男	104、107、137
1966(S 41)年	恍惚のブルース	青江三奈	川内康範	浜口庫之助	114
1966(S 41)年	紀伊国屋文左衛門	三波春夫	北村桃児	長津義司	137
1966(S 41)年	バラが咲いた	マイク眞木	浜口庫之助	浜口庫之助	100、139
1966(S 41)年	夕陽が泣いている	ザ・スパイダース	浜口庫之助	浜口庫之助	103
1966(S 41)年	ラブユー東京	黒沢明&ロス・プリモス	上原尚	中川博之	117
1967(S 42)年	赤垣源蔵	三波春夫	北村桃児	春川一夫	137
1967(S 42)年	小樽のひとよ	鶴岡雅義&東京ロマンチカ	池田充男	鶴岡雅義	116
1967(S 42)年	芸道一代	美空ひばり	西條八十	山本丈晴	137
1967(S 42)年	この広い野原いっぱい	森山良子	小薗江圭子	森山良子	139
1967(S 42)年	好きさ好きさ好きさ	ザ・カーナビーツ	(訳)漣健児	C・ホワイト	103
1967(S 42)年	盛り場ブルース	森進一	藤三郎	村上千秋	114
1967(S 42)年	ブルー・シャトウ	ジャッキー吉川&ブルー・コメッツ	橋本淳	井上忠夫	101、102
1967(S 42)年	真赤な太陽	美空ひばり&ブルー・コメッツ	吉岡治	原信夫	104
1967(S 42)年	モナリザの微笑	ザ・タイガース	橋本淳	すぎやまこういち	103
1967(S 42)年	夜霧よ今夜も有難う	石原裕次郎	浜口庫之助	浜口庫之助	115
1968(S 43)年	愛のさざなみ	島倉千代子	なかにし礼	浜口庫之助	107
1968(S 43)年	赤い夕陽の三度笠	橋幸夫	佐伯孝夫	吉田正	137
1968(S 43)年	あの時君は若かった	ザ・スパイダース	菅原芙美恵	かまやつひろし	103
1968(S 43)年	亜麻色の髪の乙女	ヴィレッジ・シンガーズ	橋本淳	すぎやまこういち	103

1968（S 43）年	伊勢佐木町ブルース	青江三奈	川内康範	鈴木庸一	114
1968（S 43）年	エメラルドの伝説	ザ・テンプターズ	なかにし礼	村井邦彦	103
1968（S 43）年	神様お願い！	ザ・テンプターズ	松崎由治	松崎由治	103
1968（S 43）年	コモエスタ赤坂	ロス・インディオス	西山隆史	浅野和典	117
1968（S 43）年	三百六十五歩のマーチ	水前寺清子	星野哲郎	米山正夫	109
1968（S 43）年	知りすぎたのね	ロス・インディオス	なかにし礼	なかにし礼	117
1968（S 43）年	好きになった人	都はるみ	白鳥朝詠	市川昭介	108
1968（S 43）年	熱祷	美空ひばり	川内康範	小野透	137
1968（S 43）年	花の首飾り	ザ・タイガース	菅原房子（なかにし礼）	すぎやまこういち	103
1969（S 44）年	君は心の妻だから	鶴岡雅義と東京ロマンチカ	なかにし礼	鶴岡雅義	116
1969（S 44）年	今日でお別れ	菅原洋一	なかにし礼	宇井あきら	127
1969（S 44）年	黒ネコのタンゴ	皆川おさむ	見尾田みずほ	マリオ・パガーノ	133
1969（S 44）年	長崎は今日も雨だった	内山田洋とクール・ファイブ	永田貴子	彩木雅夫	117
1969（S 44）年	港町 涙町 別れ町	石原裕次郎	浜口庫之助	浜口庫之助	115
1969（S 44）年	港町ブルース	森進一	深津武志となかにし礼	猪俣公章	137
1969（S 44）年	夜と朝のあいだに	ピーター	なかにし礼	村井邦彦	127
1969（S 44）年	別れてもありがとう	美空ひばり	三浦康照	猪俣公章	137

☆昭和45年～（1970～2000年代）＝昭和後期＆平成期　流行歌成熟期

発表年号	曲名	歌手	作詞	作曲	掲載ページ
1970（S 45）年	イメージの詩	吉田拓郎	吉田拓郎	吉田拓郎	140
1970（S 45）年	銀座の女	森進一	川内康範	曽根康明	137
1970（S 45）年	人生将棋	美空ひばり	石本美由起	かとう哲也	137
1970（S 45）年	もう恋なのか	錦野旦	浜口庫之助	浜口庫之助	127
1971（S 46）年	おふくろさん	森進一	川内康範	猪俣公章	137
1971（S 46）年	この道を行く	美空ひばり	石本美由起	市川昭介	137
1971（S 46）年	また逢う日まで	尾崎紀世彦	阿久悠	筒美京平	127
1971（S 46）年	わたしの城下町	小柳ルミ子	安井かずみ	平尾昌晃	127
1972（S 47）年	ある女の詩	美空ひばり	藤田まさと	井上かつお	137
1972（S 47）年	女のみち	ぴんからトリオ	宮史郎	並木ひろし	131
1972（S 47）年	傘がない	井上陽水	井上陽水	井上陽水	141
1972（S 47）年	喝采	ちあきなおみ	吉田旺	中村泰士	127
1972（S 47）年	結婚しようよ	吉田拓郎	吉田拓郎	吉田拓郎	141

1972(S47)年	そして、神戸	内山田洋とクール・ファイブ	千家和也	浜圭介	117
1972(S47)年	芽ばえ	麻丘めぐみ	千家和也	筒美京平	127
1972(S47)年	冬の宿	北島三郎	星野哲郎	紫 しずか	137
1972(S47)年	学生街の喫茶店	ガロ	山上路夫	すぎやまこういち	141
1973(S48)年	夜空	五木ひろし	山口洋子	平尾昌晃	127
1973(S48)年	わたしの青い鳥	桜田淳子	阿久悠	中村泰士	127
1974(S49)年	襟裳岬	森進一	岡本おさみ	吉田拓郎	127、137
1974(S49)年	逃避行	麻生よう子	千家和也	都倉俊一	127
1974(S49)年	わたし祈ってます	敏いとうとハッピー&ブルー	五十嵐悟	五十嵐悟	117
1975(S50)年	およげ！ たいやきくん	子門真人	高田ひろお	佐瀬寿一	131〜133
1975(S50)年	悲しみの宿	島倉千代子	山上路夫	船村徹	137
1975(S50)年	北の宿から	都はるみ	阿久悠	小林亜星	108、127、137
1975(S50)年	心のこり	細川たかし	なかにし礼	中村泰士	127
1975(S50)年	シクラメンのかほり	布施明	小椋佳	小椋佳	127
1975(S50)年	千曲川	五木ひろし	山口洋子	猪俣公章	137
1975(S50)年	中の島ブルース	内山田洋とクール・ファイブ	斎藤保	吉田佐	117
1976(S51)年	愛の始発	五木ひろし	山口洋子	猪俣公章	137
1976(S51)年	想い出ぼろぼろ	内藤やす子	阿木燿子	宇崎竜童	127
1976(S51)年	失恋レストラン	清水健太郎	つのだ☆ひろ	つのだ☆ひろ	127
1976(S51)年	東京砂漠	内山田洋とクール・ファイブ	吉田旺	内山田洋	117
1977(S52)年	灯りが欲しい	五木ひろし	藤田まさと	遠藤実	137
1977(S52)年	おんな港町	八代亜紀	二条冬詩夫	伊藤雪彦	137
1977(S52)年	勝手にしやがれ	沢田研二	阿久悠	大野克夫	127
1977(S52)年	UFO	ピンク・レディー	阿久悠	都倉俊一	127
1978(S53)年	かもめが翔んだ日	渡辺真知子	伊藤アキラ	渡辺真知子	127
1978(S53)年	プレイバックPart 2	山口百恵	阿木燿子	宇崎竜童	137
1978(S53)年	LOVE(抱きしめたい)	沢田研二	阿久悠	大野克夫	137
1979(S54)年	おまえとふたり	五木ひろし	たかたかし	木村好夫	137
1979(S54)年	舟唄	八代亜紀	阿久悠	浜圭介	137
1979(S54)年	魅せられて	ジュディ・オング	阿木燿子	筒美京平	127
1979(S54)年	私のハートはストップモーション	桑江知子	竜真知子	都倉俊一	127
1980(S55)年	雨の慕情	八代亜紀	阿久悠	浜圭介	127
1980(S55)年	大阪しぐれ	都はるみ	吉岡治	市川昭介	108

1980（S 55）年	ハッとして！ Good	田原俊彦	宮下智	宮下智	127
1980（S 55）年	風雪ながれ旅	北島三郎	星野哲郎	船村徹	137
1980（S 55）年	ふたりの夜明け	五木ひろし	吉田旺	岡千秋	137
1981（S 56）年	哀しみ本線日本海	森昌子	荒木とよひさ	浜圭介	137
1981（S 56）年	ギンギラギンにさりげなく	近藤真彦	伊達歩	筒美京平	127
1982（S 54）年	ルビーの指環	寺尾聰	松本隆	寺尾聰	127
1983（S 55）年	スリラー	マイケル・ジャクソン	ロッド・テンパートン	ロッド・テンパートン	164
1983（S 55）年	矢切の渡し	細川たかし	石本美由起	船村徹	111
1985（S 57）年	セーラー服を脱がさないで	おニャン子クラブ	秋元康	佐藤準	124
1987（S 62）年	人生いろいろ	島倉千代子	中山大三郎	浜口庫之助	107
1987（S 62）年	みだれ髪	美空ひばり	星野哲郎	船村徹	111
1989（H 1）年	川の流れのように	美空ひばり	秋元康	見岳章	107
1990（H 2）年	おどるポンポコリン	B.B.クィーンズ	さくらももこ	織田哲郎	147
1991（H 3）年	SAY YES	CHAGE and ASKA	飛鳥涼	飛鳥涼	129、131
1991（H 3）年	ラブ・ストーリーは突然に	小田和正	小田和正	小田和正	129、131
1992（H 4）年	君がいるだけで	米米CLUB	米米CLUB	米米CLUB	129、131
1993（H 5）年	TRUE LOVE	藤井フミヤ	藤井フミヤ	藤井フミヤ	129
1993（H 5）年	YAH YAH YAH	CHAGE and ASKA	飛鳥涼	飛鳥涼	129
1994（H 6）年	Tomorrow never knows	Mr.Children	桜井和寿	桜井和寿	129、131
1995（H 7）年	LOVE LOVE LOVE	DREAMS COME TRUE	吉田美和	中村正人	129
1996（H 8）年	名もなき詩	Mr.Children	桜井和寿	桜井和寿	129
1997（H 9）年	CAN YOU CELEBRATE?	安室奈美恵	小室哲哉	小室哲哉	129
1998（H11）年	Automatic	宇多田ヒカル	Utada Hikaru	Utada Hikaru	14、150
1999（H11）年	だんご３兄弟	速水けんたろう他	佐藤雅彦　内野真澄	内野真澄　堀江由朗	131〜133
1999（H11）年	LOVEマシーン	モーニング娘。	つんく ♂	つんく ♂	146
2000（H12）年	TSUNAMI	サザンオールスターズ	桑田佳祐	桑田佳祐	131
2003（H15）年	世界に一つだけの花	SMAP	槇原敬之	槇原敬之	129、131

人名さくいん

あ行

か行

さ行

た行

な行

は行

ま行

や行

ら行

わ行

《著者紹介》

生明 俊雄（あざみ・としお）

ポピュラー音楽研究家。1940年、千葉県生まれ。早稲田大学卒。ビクターエンタテインメント メディアネットワーク本部長、洋楽部長、映像制作部長等を歴任。東京大学大学院（社会情報学専攻）修了。東京藝術大学にて博士号（学術）取得。東京工業大学及び関西大学大学院講師、広島経済大学教授などを経て現職。著書に『ポピュラー音楽は誰が作るのか——音楽産業の政治学』『二〇世紀日本レコード産業史』（ともに勁草書房）、『タンゴと日本人』（集英社新書）など。

編集：こどもくらぶ（二宮祐子、見学さやか）
制作：今人舎（石井友紀）
校正：渡邉郁夫

※この本に掲載された写真のなかで、写真提供等の記載がないものは著者および編集者が撮影。
※この本の情報は、2020年8月までに調べたものです。今後変更になる可能性がありますので、ご了承ください。

JASRAC 出 2006576-001

シリーズ・ニッポン再発見⑬
日本の流行歌
——栄枯盛衰の100年、そしてこれから——

2020年11月1日　初版第1刷発行　〈検印省略〉

定価はカバーに
表示しています

著　者　生明俊雄
発行者　杉田啓三
印刷者　和田和二

発行所　株式会社　ミネルヴァ書房
607-8494 京都市山科区日ノ岡堤谷町1
電話代表 (075)581-5191
振替口座 01020-0-8076

平河工業社

ISBN978-4-623-09027-3
Printed in Japan